FRONT
DOUBLE
BICEPS

E
HEST

BACK
DOUBLE
BICEPS

SIDE
TRICEPS

RELAX
POSE

FREE
POSE

筋肉語辞典

―監修―バズーカ岡田
―著者―ボディビル鑑賞愛好会
―絵―川崎悟司

誠文堂新光社

はじめに

ステージ上で黒光りする肉体が、さまざまなポーズをとっている。ポージングを変えると筋肉が盛り上がり、その度に会場がどよめく。はじめて観戦したボディビルの大会でも、競技者の仕上がった肉体の質、ポージングによる芸術性を感じ取ることができた。ステージ上の白熱した競い合いもさることながら、興奮する観客によって会場が熱気に包まれていた。まるで磁石のように筋肉が人々の心を引きつけている。たった一度の観戦で、ボディビルの虜になってしまうのだ。

世の中は空前の筋トレブーム。どの街にも好立地にフィットネスクラブやジムがあり、そこに出入りしているのは、男女関係なく若者から高齢者まで幅広い年齢層の人々。筋トレは大衆化した。筋トレの目的も健康、ダイエットや美容、趣味などさまざまだ。必然とメディアでは筋肉をテーマにした情報配信が増え、筋肉関連の商品も続々と誕生している。こうした状況下になると生まれるのが“文化”だ。例えば、筋肉づくりにはタンパク質が必要で、アスリートはプロテインの摂取で補っている。このプロテインは今や誰が飲んでも当たり前といった食文化になっている。

ブームになると情報量がどんどん増していく。筋肉に限ったことではないが、その情報には正しいものも間違ったものもある。情報の信憑性を見極める能力は現代社会を生き抜くのに必須だ。一方で、信憑性のある情報は専門性が高くなりすぎるという側面もある。もっと気軽に筋肉の知識を深めたい。そんな人に向けてまとめたのが、この本である。ボディビル、筋トレ、エンタメ、グッズなど、筋肉に関する言葉を「筋肉語」としてひとくくりにし、専門用語という堅苦しさを取り払い、読んで、見て楽しめる紙面を展開している。

ガチガチの肉体を求めながらも、頭と心はやわらかく。肉体づくりに役に立つもの、ボディビルなどの鑑賞をより楽しめるようになるもの、懐かしさを感じるもの、クスッと笑ってしまうもの……。約800の筋肉語から、明日を生きるためのエネルギーを得られる。

最初のページから順に読んでいくのもよし、気になる言葉だけを読むのもよし、パラパラめくって目についたイラストを見るのもよし。もし、パラパラめくる場合は、紙面の左下と右下に注目を。本書オリジナルのボディビルダーが心をくすぐってくれる。

ボディビル鑑賞愛好会

この本の見方と楽しみ方

言葉の見方

50音順にボディメイク、筋トレ、サービス、商品、映画・音楽・漫画といった文化など、筋肉に関連するあらゆる言葉を配列しています。

① いえす!

② 【Yes!】

⑤

アーノルド・シュワルツェネッガー(P24) ④

③ の名言のひとつ「筋肉がNoと叫んだら、私はYes!と答える」の1ワード。この名言は単なる根性論ではなく、“身体と心が対話をすることに意義がある”というメッセージがこめられている。このメッセージが「Yes!」に凝縮され、トレーニング中の合言葉になっている。ジムで耳を澄ませば、「Yes!」というかけ声が聞こえてくるかもしれない。

① 読み方

筋肉語の読み方を平仮名で表記しています。

② 用語

ボディビル鑑賞愛好会がセレクトした用語を掲載しています。

③ 語釈

用語の意味や解説、豆知識が盛りこまれています。

④ 関連語

その語句に関連する用語の掲載ページを記載しています。

⑤ イラストや写真

用語のイメージイラストや、関連する写真を掲載しています。

用語には略語や造語もあります。イラストや写真は掲載した用語を扱う組織、団体などから提供いただいたものもあります。

知識を深める記事

筋肉雑学

あくびをしても OK!?

授業中や仕事中にあくびをしたら、“集中していない”“やる気がない”と叱責される。しかし、筋トレ中のあくびは問題ない。あくびは疲れや眠気から生じるだけでなく、体が緊張状態になった際にも現れる。筋肉の血液量が増えることで、脳の血液量が減少し、体が緊張状態になるのだ。ちなみにあくびをして涙が出るのは、表情筋によって涙腺が刺激されるからである。

筋肉雑学　筋肉医学　筋肉迷信

筋肉語とは別に筋肉に関する話題を記事解説しています。「雑学」「医学」「迷信」のカテゴリーがあり、それぞれ筋肉の知識を深められる内容です。

ボディビルダーのポージング鑑賞

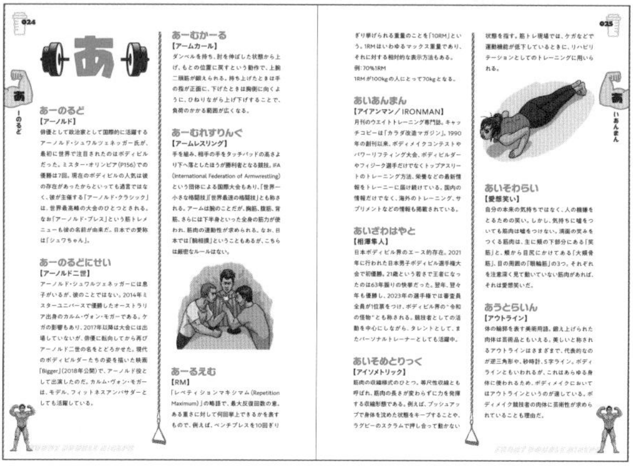
024

あ

ーのるど

あーのるど
【アーノルド】
俳優として政治家として国際的に活躍するアーノルド・シュワルツェネッガー氏が、最初に世界で注目されたのはボディビルだった。ミスター・オリンピア（P156）での優勝は7回。現在のボディビルの人気は彼の存在があったからといっても過言ではなく、彼が主催する「アーノルド・クラシック」は、世界最高峰の大会のひとつとされる。なお「アーノルド・プレス」という筋トレメニューも彼の名前が由来だ。日本での愛称は「シュワちゃん」。

あーのるどにせい
【アーノルド二世】
アーノルド・シュワルツェネッガーには息子がいるが、彼のことではない。2014年ミスターユニバースで優勝したオーストラリア出身のカルム・ヴォン・モガーである。ケガの影響もあり、2017年以降は大会には出場していないが、俳優に転向してから再びアーノルド二世の名をとどろかせた。現代のボディビルダーたちの姿を描いた映画「Bigger」（2018年公開）で、アーノルド役として出演したのだ。カルム・ヴォン・モガーは、モデル、フィットネスアンバサダーとしても活躍している。

あーむかーる
【アームカール】
ダンベルを持ち、肘を伸ばした状態から上げ、もとの位置に戻すという動作で、上腕二頭筋が鍛えられる。持ち上げたときは手の指が正面に、下げたときは胸側に向くように、ひねりながら上げ下げすることで、負荷のかかる範囲が広くなる。

あーむれすりんぐ
【アームレスリング】
手を組み、相手の手をタッチパッドの高さより下へ落としたほうが勝利者となる競技。IFA（International Federation of Armwrestling）という団体による国際大会もあり、「世界一小さな格闘技」「世界最速の格闘技」とも称される。アームは腕のことだが、胸筋、腹筋、背筋、さらには下半身といった全身の筋力が使われ、筋肉の連動性が求められる。なお、日本では「腕相撲」ということもあるが、こちらは厳密なルールはない。

あーるえむ
【RM】
「レペティションマキシマム（Repetition Maximum）」の略語で、最大反復回数の意。ある重さに対して何回挙上できるかを表すもので、例えば、ベンチプレスを10回ぎりぎり挙げられる重量のことを「10RM」という。1RMはいわゆるマックス重量であり、それに対する相対的な表示方法もある。
例：70%1RM
1RMが100kgの人にとって70kgとなる。

あいあんまん
【アイアンマン／IRONMAN】
月刊のウエイトトレーニング専門誌。キャッチコピーは「カラダ改造マガジン」。1990年の創刊以来、ボディメイクコンテストやパワーリフティング大会、ボディビルダーやフィジーク選手だけでなくトップアスリートのトレーニング方法、栄養などの最新情報をトレーニーに届け続けている。国内の情報だけでなく、海外のトレーニング、サプリメントなどの情報も掲載されている。

あいざわはやと
【相澤隼人】
日本ボディビル界のエース的存在。2021年に行われた日本男子ボディビル選手権大会で初優勝。21歳という若さで王者になったのは63年振りの快挙だった。翌年、翌々年も優勝し、2023年の選手権では審査員全員が1位票をつけ、ボディビル界の“令和の怪物”とも称される。競技者としての活動を中心にしながら、タレントとして、またパーソナルトレーナーとしても活躍中。

あいそめとりっく
【アイソメトリック】
筋肉の収縮様式のひとつ。等尺性収縮とも呼ばれ、筋肉の長さが変わらずに力を発揮する収縮形態である。例えば、プッシュアップで身体を沈めた状態をキープすることや、ラグビーのスクラムで押し合って動かない状態を指す。筋トレ現場では、ケガなどで運動機能が低下しているときに、リハビリテーションとしてのトレーニングに用いられる。

025

あ

いあんまん

あいそわらい
【愛想笑い】
自分の本来の気持ちではなく、人の機嫌をとるための笑い。しかし、気持ちに嘘をついても筋肉は嘘をつけない。満面の笑みをつくる筋肉は、主に頬の下部分にある「笑筋」と、頬から目尻にかけてある「大頬骨筋」、目の周囲の「眼輪筋」の3つ。それぞれを注意深く見て動いていない筋肉があれば、それは愛想笑いだ。

あうとらいん
【アウトライン】
体の輪郭を表す美術用語。鍛え上げられた肉体は芸術品ともいえる。美しいと称されるアウトラインはさまざまで、代表的なのが逆三角形や、砂時計、S字ライン。ボディラインともいわれるが、これはあらゆる身体に使われるため、ボディメイクにおいてはアウトラインというのが適している。ボディメイク競技者の肉体に芸術性が求められていることも理由だ。

紙面の左下と右下にボディビルダーのポージングイラストがあります。用語の解説を読んで知識を深めながら、ボディビルダーの肉体を鑑賞できます。女性のボディビルダーも登場します。

目次

筋肉語

＼ 綴込み付録 ／

ボディメイクコンテストの楽しみ方・完全マニュアル

本書を読むにあたっての注意事項

- 本書の内容は2024年5月現在の情報をもとに作成しています。内容はその後に変更になる場合があります。
- サービスや製造・販売が終了した商品、施設などが含まれている場合があります。何卒、ご了承ください。
- 人体、生物、医学、栄養学的な内容は、一般的だと思われる内容で紹介しています。見解が分かれるものもあります。何卒、ご了承ください。

筋肉の基礎知識から始めるよー!!!

なぜ、マッチョに魅せられるのか?

マッチョってなに?

すぐに思いつくのは、ボディビルをする人の肉体。
ボディビルは鍛え上げられた肉体美を競い合う種目である。
ただし、「マッチョ＝ボディビルダー」というくくりにはならない。
肉体で競い合うものには、フィジーク、ビキニフィットネスなど
さまざまなカテゴリーがあり、その種類は増え続けている。
また、細マッチョという言葉があるように
大きな筋肉を持つ者だけがマッチョというわけでもない。

世の中は空前絶後の筋トレブーム。
競技者でなくても理想の肉体を求めて
日々トレーニングしている人があちらこちらに。

今こそ、筋肉と向き合うときなのだ！

ボディビルダー以外にも
マッチョがあちらこちらに！

フィジーカー

筋肉の大きさと絞りこみのバランスを重要視するボディビルのカテゴリーが「フィジーク」。ボディビルダーとは違った肉体美を持つ。

女性のボディメイク競技者

競技にはさまざまなカテゴリーがある。例えば「ビキニフィットネス」というカテゴリーは、筋肉だけでなく、肌や髪の毛の艶などトータルの美しさを競い合う。

トレーニー

健康や見た目をよくする目的で競技や職業に関係なく筋トレに励む人。昨今、増加中。

職業マッチョ

肉体労働者だけでなく、鍛え上げられた肉体に価値を生み出した職業もある。

サービスマッチョ

自身の肉体を魅せるサービスを行う人。ボディメイクの鑑賞だけでなく、より近くで肉体を見たいという筋肉フェチも増えている。

鍛えるべきはココ!

①見える筋肉

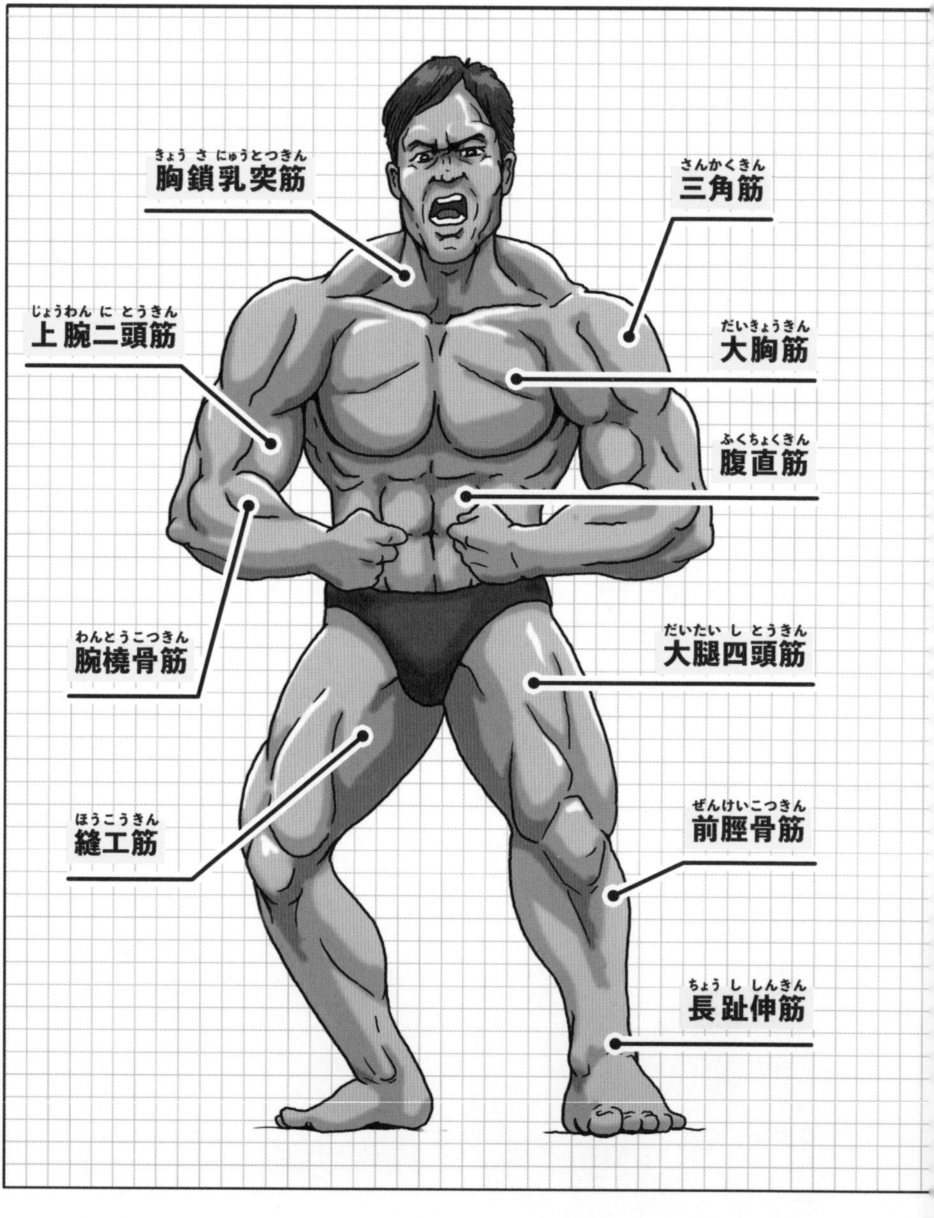

身体の表層につく大きな筋肉であるアウターマッスル。
筋トレによる筋肥大は目視で確認できる。
それぞれの部位の名称を覚えておこう。

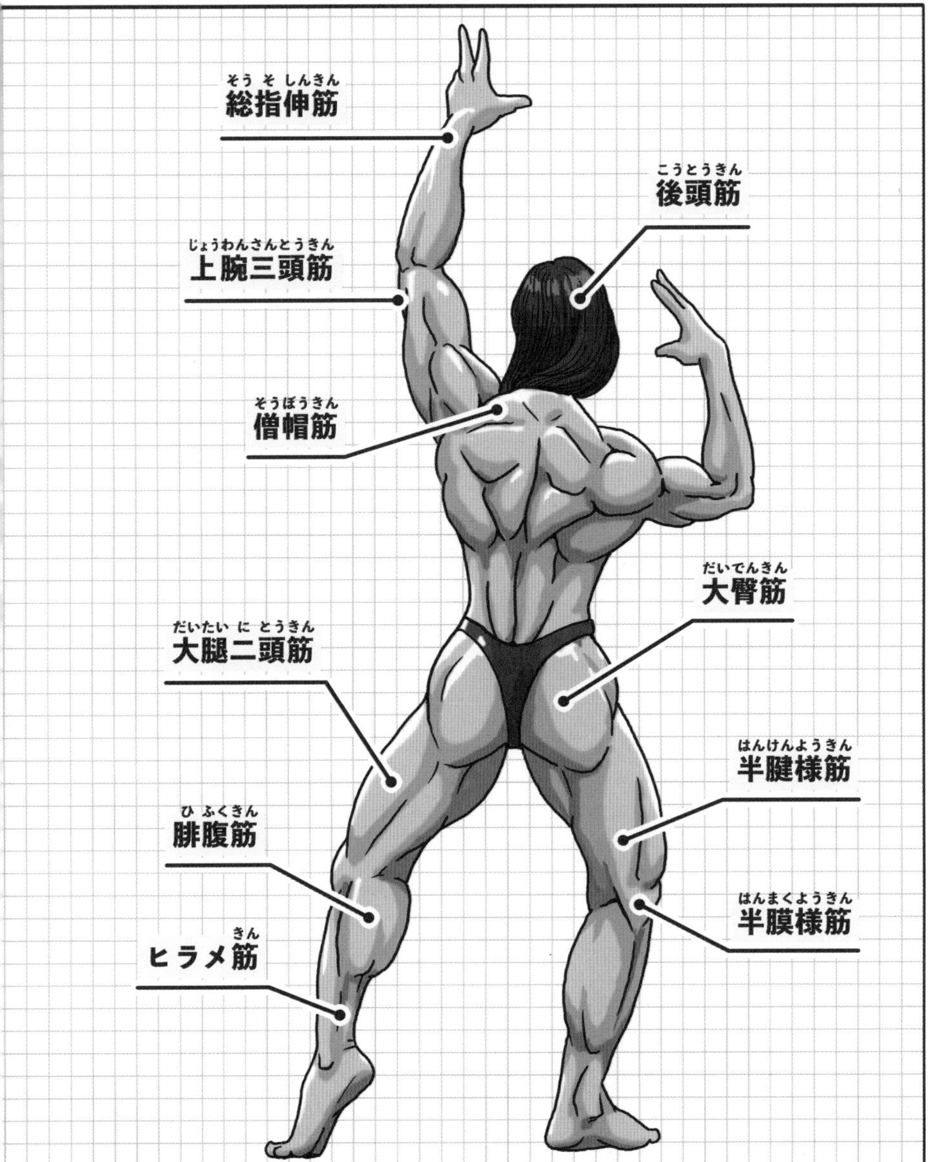

鍛えるべきはココ!

② 見えない筋肉

胸部周辺

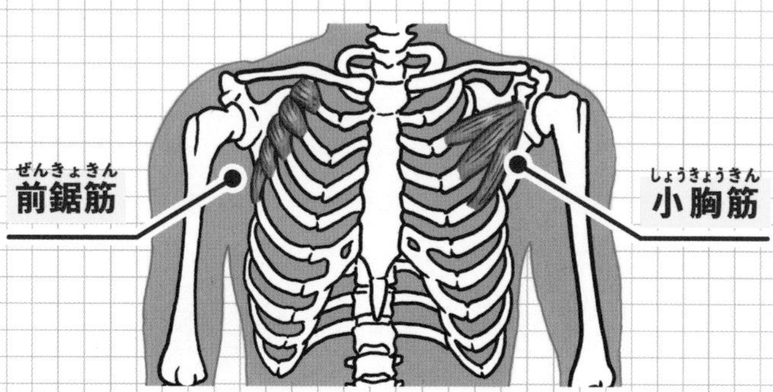

上背部

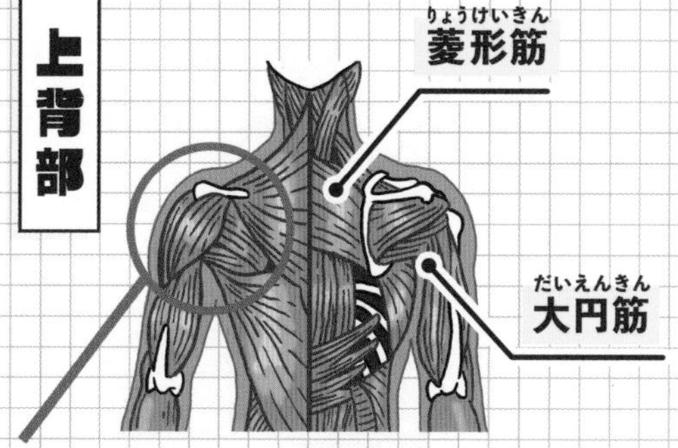

肩関節周辺

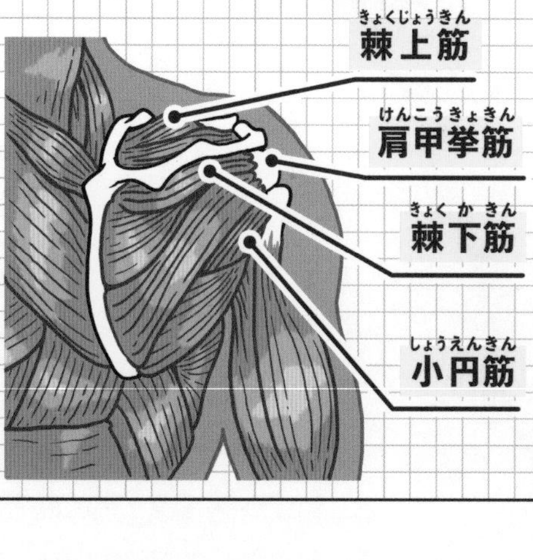

**姿勢を維持し、身体の動きを支えるのは、
身体の深層にあるインナーマッスル。強靭な肉体のベースとなる
それぞれの部位を把握しておこう。**

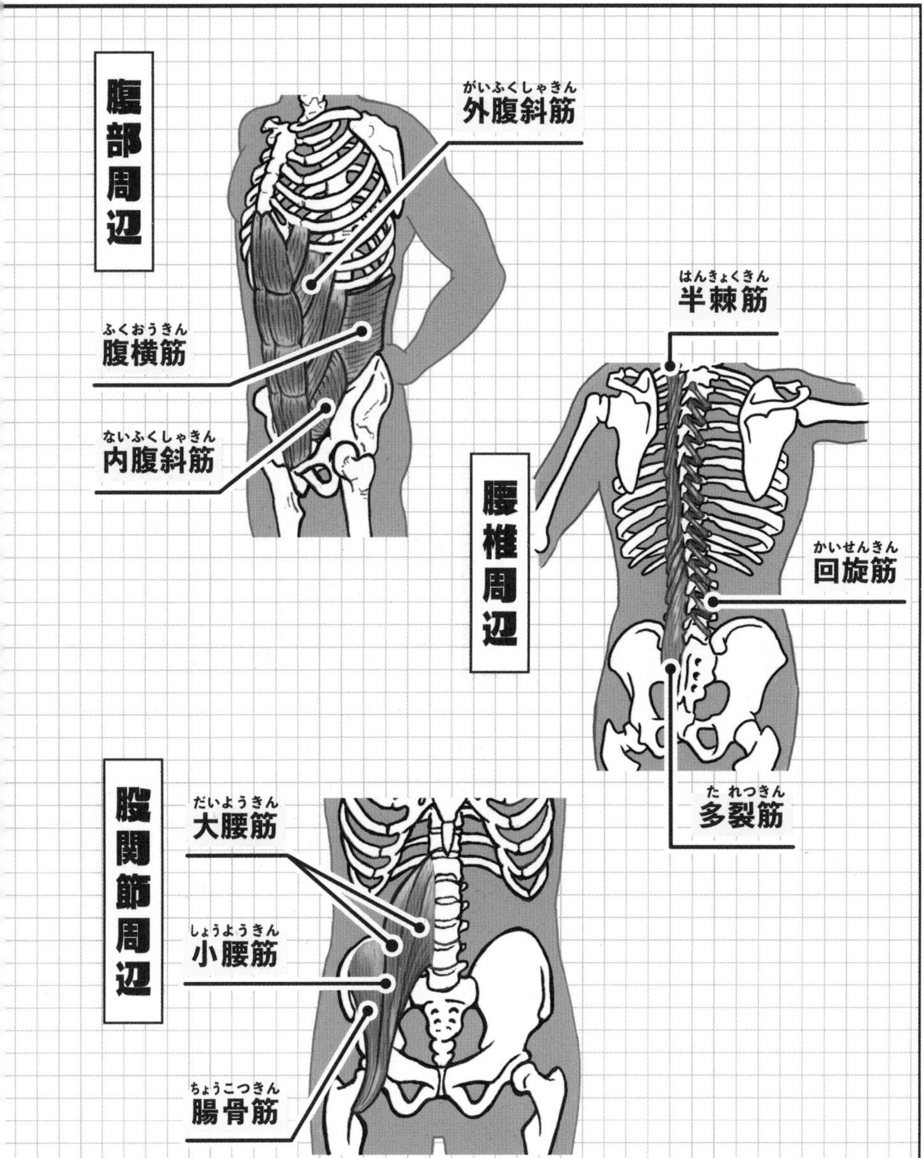

生活にいつもあるもの

バズーカ岡田が思う筋肉

本能が叫ぶ、

“筋肉が必要だ！”

岡田隆（バズーカ岡田）

日本体育大学教授。博士（体育科学）。理学療法士。筋肉研究者。1980年生まれ。日体大卒業、東大大学院単位取得退学。2023WNBFプロボディビル世界選手権マスターズ優勝。柔道全日本男子チーム体力強化部門長（リオ、東京五輪）。“バズーカ岡田”の愛称でも知られる。

肉体は健康のバロメーターのひとつ

筋肉と向き合ったのは、小学校2、3年生のときにアーノルド・シュワルツェネッガー主演の映画『コマンドー』を見たのが最初でした。「かっこいい」と率直に思い、その後、腕立て伏せなどをした記憶があります。ただ、この映画を見ていなくても身体を鍛えていたでしょう。なぜなら人間には“筋肉が必要だ！”という概念が本能的にあるからです。

狩猟採集の時代には、生きるために身体をはって食料を確保していました。多くの食料を得るには、身体も強靭でなければなりません。時を経て、身体を鍛えていなくても生きていける時代になりました。ところが負の産物として“不健康”というものが現れたのです。メタボリックシンドロームや高齢者のサルコペニア（筋肉量の減少にともなって身体能力が低下する状態）もそのひとつ。こうした背景があり、ようやく社会が“筋トレ”に目を向けるようになったと感じています。病気やケガをすれば本人が一番苦しいでしょうが、一方で医療保険により財政をひっ迫させることにもなります。どんな目的があるにせよ、身体を鍛えている人が称えられるような社会になることを願ってやみません。

目的を果たすために“筋トレ”がある

健康な身体づくりでイメージするのが、ウォーキングなどの有酸素運動。心臓や血管などが含まれる呼吸循環器系を強化して、血管系の病気を防ぐ効果があります。ただ、これが“身体のあらゆる不調を改善する”と誤解されているように思います。血管系の病気の原因には高血圧、脂質異常、高血糖などがありますが、その元凶は内臓脂肪の蓄積。これを防ぐのに筋トレと食事術が効果的なのです。

美意識の変化も生まれています。かつては、「ダイエット＝減量によるスリムな体型」というイメージでしたが、昨今、筋肉がついて引き締まった身体を求める人が増えています。「筋肉＝健康」、「筋肉＝生命力」という図式からすると、その肉体に魅力を感じることも必然。また、厚生労働省も健康目的で「週に2～3回の筋トレ」を推奨し始めました。筋トレをやりこんでいる人からすれば“ちょっと少ないな”とも感じるでしょうが、身体を動かすメリットと効果を体感するきっかけとなり、あとは自動運転モードに入って効果が増していく、大きな一歩なのです。

正しく行う筋トレが求められている

目的が明確で強い意志があれば筋トレを続けられる、というわけではありません。継続できない要因として、我流で行うことによるデメリットを受けてしまうことがあります。例えば野球やサッカーなどのスポーツを始めるとき、最初から試合に出るでしょうか。指導者からボールの扱い方、身体の動かし方などの基礎を教わってから練習を重ねていきますよね。一つひとつの知識や技術の習得で自信がつき、意欲が増していくわけです。筋トレも同じです。

正しいやり方をしなければ効果が表れにくく、“苦しい”という思いが先行すると挫折につながります。また効果が出てもケガをしてしまうケースが少なくありません。プッシュアップやスクワットなど、自宅でいつでも始めやすいのが筋トレの特長でもありますが、長い目で見ると、トレーナーなどの専門家の指導やアドバイスを受けるほうが、よい結果が導かれると思います。トレーナーはさまざまな知識や技術を習得し、自身の経験をもとに情報提供をします。この情報をぜひ有効活用していただきたいです。

ワークアウトがライフスタイルに

アメリカでは朝に筋トレをする人が多いと聞きます。これは意識が高いと決めつけられることもありますが、仕事のあとは家族や知人とのプライベートを充実させたいという文化によるものかもしれません。これを、日本の生活文化に当てはめるのは困難ですよね。また昼食後の筋トレは筋力を発揮しやすく効果的とされますが、その時間帯にトレーニングできる人はどれだけいるでしょうか。短期間での結果、効率ということばかりに意識が向くと、本来のライフスタイルをくずしかねません。それが継続できなくなる要因にもなります。

筋トレとの向き合い方は人それぞれでよいと思います。自身の生活のどこに筋トレを組みこむか、続けていくためにはその設計が大切なのです。続けることでしか効果は得られない、と知りましょう。“やれるときにやる”という感覚でかまいません。私自身がそうですから。筋トレで時間を束縛されるとストレスを生むだけです。

筋トレは気楽にやったほうがいいと思います。その中で、自分のスタイルが構築されるでしょう。

他人の肉体を楽しむのも“筋肉”が持つ魅力

“肉体は健康のバロメーターのひとつ“ととらえることができます。しかし、一定の領域を超えると、健康とは別次元になります。それが、ボディビルダーなど競技者の肉体。知人に競技者がいる人はわかるかと思いますが、大会数日前に見た身体と、大会の身体は別人です。大会に近づくにつれてトレーニング強度は高まりますが、筋肉を大きくするだけでなく、絞りこむために厳密な食事管理も欠かせません。業界では「仕上げる」ともいいます。この領域に入ること、すなわち健康とは必ずしも同居できないことが、競技スポーツであることの特性だとも思います。

大会では仕上がった身体の競技者が勢ぞろいします。筋トレをしていない、筋肉の知識がない人でも、それぞれの肉体の特徴を感じ、魅了されることでしょう。大会では順位が出ますが、観戦者にとっては、芸術作品を見るようなエンターテインメントでもあるわけです。“肉体を見て楽しい”という気持ちになり、自分も少しでもやってみようという状態になれば、やはり「筋肉＝健康」の関係は成り立ちますね。

いつ、どこで、どのように鍛える？

時間面での効率、トレーニング効果、仕事や家事など生活面との兼ね合い……。自身に適した筋トレのスタイルを見つけよう。

家トレ派

お金をかけず、手軽に始められるのが自宅での筋トレ。「家トレ」や「宅トレ」と呼ばれる。筋肥大の観点では、自重トレーニングはマシンでのトレーニングに敵わない。その一方で自重トレーニングは自身の身体の動きをコントロールできるようになり、筋トレのファーストステップをクリアする際にはとても有効である。

ジムトレ派

マシンを使った筋トレは、効率的に身体を鍛えられる。大胸筋を鍛える場合、ベンチプレスはプッシュアップよりもはるかに効率よく筋肥大の効果を得られる。トレーニング時間は短く、苦痛に対するストレスも少ない。また、軌道が決まっているマシンは、初心者でも扱いやすい。

▼
▼

家トレがライフスタイルに合えばOK！

ただし、ジムトレーナーの知識、技術、情報を得ないのは、もったいない。

バズーカ岡田のトレーニングライフ

その年によって
変わりますが、
参考にしてください！

1年間の計画

4月	5月	6月	7月	8月	9月	10月	11月	12月	1月	2月	3月
本格始動 食事管理も厳重			強度を高める 食事は徹底管理			大会	気持ちに応じてトレーニング 食事は健康管理レベル				

10月の大会に照準を当てての肉体づくりの計画。大会まで期間がある時期は、会食ではまわりと同じものを食べ、健康的によくないものは量を調整したり避けたりする。本格始動後は、分割法（P142）トレーニングで身体を5分割にしてローテーションで鍛えていく。食事管理はストレスを生まないような内容に設定することが重要。また、フリーポーズや楽曲を考えて決め、ポージングのトレーニングもしていく。

1回の扱い方

1 トレーニング

1～2時間が目安。続けて行うこともあれば、断続的に行うこともある。できるタイミングで行う。

2 食事

通常は3回（2回のときもある）。大会前は4～6回に増やし、筋肉の成長と脂肪燃焼を効率化させる。

3 睡眠

7時間は確保する。就寝時刻は要件に応じて変動する。

4 仕事

意味あることは全力を尽くす。無駄なことはやらない。

頭の中の配分

トレーニングに
とりつかれないことが
大切です

【オフの時期】

この時期こそ身体を鍛えておくべきという考えもあるが、今の私は負荷をかけすぎるようなことはしない。仕事、プライベートに筋トレが支障をきたすことは絶対に避けたい。

【大会前】

目的を果たすことや、ライバルへの意識で気持ちが高まっていく。食事管理も厳しくなるが、精神状態を安定させることが大切。ストレスがかかりすぎるのは、計画のなにかが間違っているということ。

筋肉が明日のエネルギーに!

武道やスポーツ分野でよく使われる教訓だが、
これは日常生活にも当てはまり、それを導くのが筋トレだ！

基礎代謝量UP

安静時の代謝量で骨格筋が約20%を占めている。活動時だけでなくエネルギー消費を高めるのに筋肉が必要なのだ。体温調節力も高まり、病気をしにくい身体になる。

血流促進

筋トレによって筋肉が収縮すると、毛細血管が拡張して血液が身体の隅々まで行き渡る。血流がよくなると体調管理力が高まり、病気を遠ざけてくれる。

身体の保護

筋肉は身体の動きをスムーズにするだけでなく、骨や関節を保護する役割もある。正しい姿勢を保つことで、筋肉、骨、関節の特定部分だけに負荷がかからなくなる。

精神面への効果

筋トレによってさまざまな脳内ホルモンが分泌され、精神を安定させたり、気分を高揚させてくれたりする。自律神経のバランスも整い、ストレスが軽減される。

筋肉語

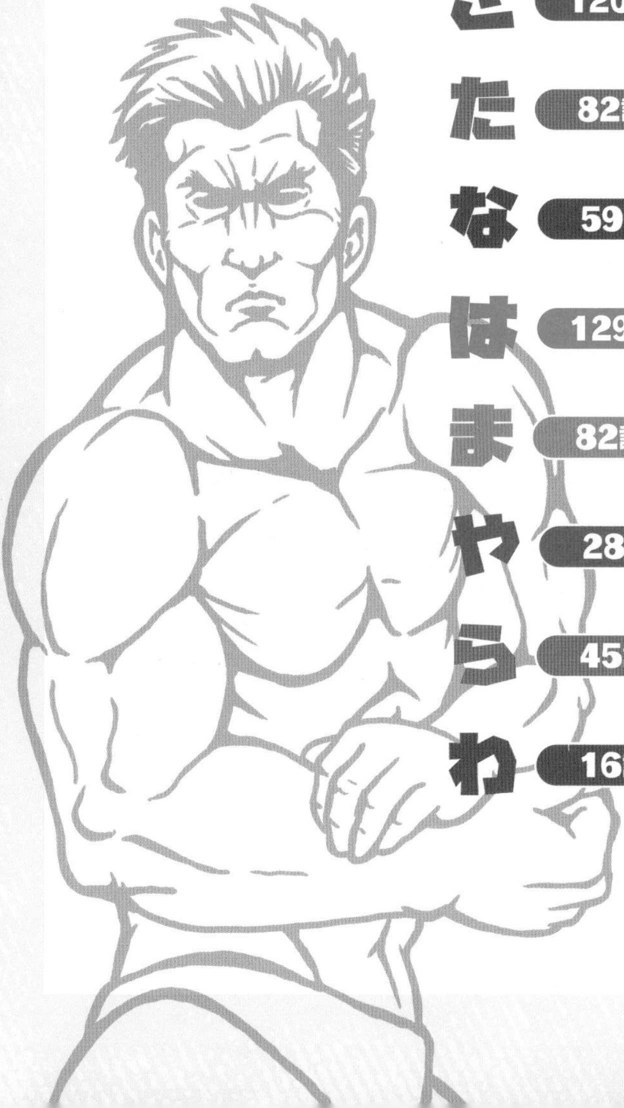

あ

あーのるど
【アーノルド】

俳優として政治家として国際的に活躍するアーノルド・シュワルツェネッガー氏が、最初に世界で注目されたのはボディビルだった。ミスター・オリンピア(P156)での優勝は7回。現在のボディビルの人気は彼の存在があったからといっても過言ではなく、彼が主催する「アーノルド・クラシック」は、世界最高峰の大会のひとつとされる。なお「アーノルド・プレス」という筋トレメニューも彼の名前が由来だ。日本での愛称は「シュワちゃん」。

あーのるどにせい
【アーノルド二世】

アーノルド・シュワルツェネッガーには息子がいるが、彼のことではない。2014年ミスターユニバースで優勝したオーストラリア出身のカルム・ヴォン・モガーである。ケガの影響もあり、2017年以降は大会には出場していないが、俳優に転向してから再びアーノルド二世の名をとどろかせた。現代のボディビルダーたちの姿を描いた映画『Bigger』(2018年公開)で、アーノルド役として出演したのだ。カルム・ヴォン・モガーは、モデル、フィットネスアンバサダーとしても活躍している。

あーむかーる
【アームカール】

ダンベルを持ち、肘を伸ばした状態から上げ、もとの位置に戻すという動作で、上腕二頭筋が鍛えられる。持ち上げたときは手の指が正面に、下げたときは胸側に向くように、ひねりながら上げ下げすることで、負荷のかかる範囲が広くなる。

あーむれすりんぐ
【アームレスリング】

手を組み、相手の手をタッチパッドの高さより下へ落としたほうが勝利者となる競技。IFA(International Federation of Armwrestling)という団体による国際大会もあり、「世界一小さな格闘技」「世界最速の格闘技」とも称される。アームは腕のことだが、胸筋、腹筋、背筋、さらには下半身といった全身の筋力が使われ、筋肉の連動性が求められる。なお、日本では「腕相撲」ということもあるが、こちらは厳密なルールはない。

あーるえむ
【RM】

「レペティションマキシマム(Repetition Maximum)」の略語で、最大反復回数の意。ある重さに対して何回挙上できるかを表すもので、例えば、ベンチプレスを10回ぎり

ぎり挙げられる重量のことを「10RM」という。1RMはいわゆるマックス重量であり、それに対する相対的な表示方法もある。
例：70%1RM
1RMが100kgの人にとって70kgとなる。

あいあんまん
【アイアンマン／IRONMAN】
月刊のウエイトトレーニング専門誌。キャッチコピーは「カラダ改造マガジン」。1990年の創刊以来、ボディメイクコンテストやパワーリフティング大会、ボディビルダーやフィジーク選手だけでなくトップアスリートのトレーニング方法、栄養などの最新情報をトレーニーに届け続けている。国内の情報だけでなく、海外のトレーニング、サプリメントなどの情報も掲載されている。

あいざわはやと
【相澤隼人】
日本ボディビル界のエース的存在。2021年に行われた日本男子ボディビル選手権大会で初優勝。21歳という若さで王者になったのは63年振りの快挙だった。翌年、翌々年も優勝し、2023年の選手権では審査員全員が1位票をつけ、ボディビル界の“令和の怪物”とも称される。競技者としての活動を中心にしながら、タレントとして、またパーソナルトレーナーとしても活躍中。

あいそめとりっく
【アイソメトリック】
筋肉の収縮様式のひとつ。等尺性収縮とも呼ばれ、筋肉の長さが変わらずに力を発揮する収縮形態である。例えば、プッシュアップで身体を沈めた状態をキープすることや、ラグビーのスクラムで押し合って動かない状態をさす。筋トレ現場では、ケガなどで運動機能が低下しているときに、リハビリテーションとしてのトレーニングに用いられる。

あいそわらい
【愛想笑い】
自分の本来の気持ちではなく、人の機嫌をとるための笑い。しかし、気持ちに嘘をついても筋肉は嘘をつけない。満面の笑みをつくる筋肉は、主に頬の下部分にある「笑筋」と、頬から目尻にかけてある「大頬骨筋」、目の周囲の「眼輪筋」の3つ。それぞれを注意深く見て動いていない筋肉があれば、それは愛想笑いだ。

あうとらいん
【アウトライン】
身体の輪郭を表す美術用語。鍛え上げられた肉体は芸術品ともいえる。美しいと称されるアウトラインはさまざまで、代表的なのが逆三角形や、砂時計、S字ライン。ボディラインともいわれるが、これはあらゆる身体に使われるため、ボディメイクにおいてはアウトラインというのが適している。ボディメイク競技者の肉体に芸術性が求められていることも理由だ。

FRONT DOUBLE BICEPS

あくしゅ
【握手】

友好を示す世界共通の仕草。手のひらからは相手の感情を読みとれるだけでなく、その人の筋力も測ることができる。全身の筋肉はつながっており、握力に表れやすい。そのためアームレスリングや腕相撲では、手を組んだときに相手の力量がある程度わかるという。なお、小学校と中学校で行われる筋力テストは握力のみで、発達状態の指標のひとつとされる。

あくせさりー
【アクセサリー】

フィジークの「ボディフィットネス（フィギュアとも呼ばれる）」や「フィットネスビキニ」というカテゴリーでは、ピアスやブレスレットなどのアクセサリーの着用が認められている。ただ、あまりにも華美なものは禁止。あくまでも主役は肉体で、アクセサリーは外見のバランスをとるものだととらえる。

あくてぃぶれすと
【アクティブレスト】

疲労した身体の回復を促すために、軽い運動を与えて血流を促していくこと。また、心身のコンディションを整えることにも有効である。「アクティブ＝活動的」という意味だが、ウォーキングやジョギングなど、あくまでも軽強度な運動にし、疲労を蓄積させないことが重要となる。

あさしゃわー
【朝シャワー】

1980年代に朝にシャンプーをする「朝シャン」がブームになったが、頭皮の健康状態に懸念があるとされ、下火になった。一方で、朝にシャワーを浴びることは健康面に利点がある。自律神経の交感神経が刺激されるからだ。交感神経が活性化すると、腎臓の一部である副腎からアドレナリンというホルモンが分泌され、血流促進によって筋肉へのエネルギー供給が増える。なお、夜はぬるま湯の半身浴などで、自律神経の副交感神経を優位にし、睡眠を促すことが有効だ。よって、1日に2回入浴することとなる。

あさたん
【朝たん】

NHKのテレビ番組『ガッテン！』で使用されたのが最初だと思われる。朝こそ体がタンパク質を必要とする時間帯であり、朝食でタンパク質をしっかり摂取しようという一種の標語。筋肉の疲労回復と修復のために、夜にもタンパク質を摂取することが求められるが、吸収しきれない分は無駄になるので摂取量の調整が必要。その点、朝は体がタンパク質を欲しており、存分に摂取してもよい。和食の朝食のおかずの定番である焼き魚、納豆、卵焼きはいずれもタンパク質が豊富だ。

あしうらまっちょ
【足裏マッチョ】

全身を支える土台は足裏。全身の筋肉は足からつながっており、姿勢が正され、血流も促される。実際に足裏には10種類の筋肉があり、これらをまとめて足底筋群と呼ぶ。身近なトレーニングとして、足の指5本でタオルを軽くつかみ、「指をギュッと曲げてたぐり寄せる→もとに戻す」という動作を繰り返すものがある。

あしぱか
【足パカ】

仰向けになって脚をパッカパカと開いたり閉じたりするエクササイズ。脚への負荷は小さく、体幹が鍛えられる。カエル足（P47）でのアレンジなど、さまざまなポーズで採用される。おなかのインナーマッスルが弱いと、腰への負担が大きくなるので、鍛えていない身体で突然行うのは危険だ。

あすけん
【あすけん】

ダイエットのためのかしこい食べ方を提案するアプリ。3食の食事内容、運動内容や量、体の状態を記録すると、栄養士からアドバイスが届く。そのアドバイスを参考に意識した食生活を送ると、健康に導かれる。株式会社askenが運営。

あせじみ
【汗染み】

エネルギー代謝による発汗量はかなりのもの。それは、トレーニング効果を告げるものではあるが、ウエアに汗が染みる。特にお尻やデリケートゾーンには注意が必要だ。薄い色のウエアは汗染みを公開しているようなもので、周囲からの視線に気づけば後悔するだけ。揮発性や速乾性の高い専用のウエアにするのはもちろん、ダーク色を選びたい。トレーニーの中には、汗をある程度かいたら、別のウエアに着替える人もいる。

あせふきようぞうきん
【汗ふき用雑巾】

激しいトレーニングをすると、汗が肌ににじみ出てくるだけでなく、汗がウエアから染み出てマシンが濡れたり、マシンに飛び散ったりする。フィットネスクラブやジムには汗ふき用の雑巾や消毒タオルが備えつけられており、それで汗をふき取るのが使用後のマナーだ。衛生確保が求められている昨今、使い捨てタイプのタオルを設置するジムが増えている。体ふき用のタオルでマシンをふくのは厳禁だ。

あだむといぶ
【アダムとイブ】

古くは「体を見せることは恥ずかしい」という概念はなかった。アダムとイブが禁断の果実を口にして以降、人間は裸をさらすことに恥じらいを覚え、衣服をまとい始めた。時は経ち、裸とまではいかないが、肌の多くを露出させて肉体美を競い合う時代に。ちなみにシカゴ美術館に所蔵されているアルブレヒト・デューラーの「アダムとイブ」(1504年)は、緻密な筋肉の描写が特徴で、アダムはシックスパックで胸筋や上腕二頭筋、大腿四頭筋もモリモリ。イブも腹筋にほどよく筋が入っている。現代なら喜んで見せびらかせる肉体だ。

あつみ
【厚み】

肥大した筋肉の表現のひとつ。特に胸の筋肉に対して使われることが多く、「厚い胸板」などといわれる。厚い胸板は谷間ができるが、そこに棒状のチョコレート菓子を挟んだ画像や動画がSNSやネットに多数上げられている。

あなぼりっく ぶいえす かたぼりっく
【アナボリックVSカタボリック】

人間の体内で行われている筋肉争奪戦。アナボリックは、身体の組織が新しく合成されること、つまり筋肉が合成されることで「同化」という。一方で、カタボリックは、身体の組織が分解され、筋肉が分解されることで「異化」という。トレーニングをして筋肥大させていくためには、アナボリックが勝利しなければならない。

あにまるむーぶめんと
【アニマルムーブメント】

ワニの動きを真似したトレーニング

さまざまな動物の動きを模すエクササイズ。「アニマルフロー」とも呼ばれる。筋力や柔軟性、協調性といった能力を高めることができる。例えば、ワニを真似する場合、プッシュアップをするようにして手を左右交互に前に出し、膝を曲げて身体をひねりながら進んでいく。肩関節や股関節の可動域が改善し、パフォーマンスが向上する。あらゆる技術の進化によって人間の身体が変化している今日、文明を持たない生物が見本になるといえよう。

あぴるきん

【アピる筋】

アピールする意味の「アピる」という若者言葉に筋肉が結びついた言葉。胸筋、腹筋などアピールしたい筋肉は人それぞれ。筋トレブームもあって夏場は街のあちこちでアピる筋が出現している。

あぶどみなる あんど さい

【アブドミナル＆サイ】

ボディビル競技の規定7ポーズのひとつ。アブドミナル(abdominals)は腹部のことで、サイ(thighs)は太ももをさす。頭の後ろで腕を組み、腹筋と脚の大きさや形を強調するポーズの呼び名として用いられる。身体の前面がすべて見えるため、大胸筋も強調してバランスよく魅せることが求められる。

あぶろーらー

【アブローラー】

腹筋ローラーともいう。「アブ」は「アブドミナル」の略語。両膝を床につけてローラーを前方に転がし、もとの状態に戻るのが基本的な使い方。膝を浮かせてつま先だけつけて行うと、かなりの負荷がかかる。家庭用筋トレ器具の代表格だが、使用されなくなり、子どもがおもちゃ代わりにすることもある。

あまちゅあ

【アマチュア】

スポーツの世界ではプロ契約によってアマチュアとの境界線ができるが、ボディビルやフィジークの場合は特殊なシステムがある。プロ資格は一般的に、国際ボディビルディング・フィットネス連盟が規定する国際大会で成績を残すか、プロクオリファイのオーバーオールで優勝、またはアマチュアオリンピアで3位以上に入賞すれば与えられる。かなり狭き門であり、プロとアマチュアの力の差を示せるものでもない。

あみのさんすこあ

【アミノ酸スコア】

食品中に含まれる必須アミノ酸のバランスを評価したもの。100に近いほど良質とされる。肉類や魚、卵は最高値の100。プロテインでもアミノ酸スコア100のものが高く評価される。なお「プロテインスコア」という別の評価基準もある。

あめふとせんしゅ

【アメフト選手】

アメリカンフットボール選手の肉体は強靭で、トップビルダーの中には元アメフト選手もいる。アメフトは激しい接触を伴うため、防具の規定が設けられている。①ヘルメット、②ヒップパッド、③ジャージ、④ニーパッド、⑤マウスピース、⑥パンツ、⑦ショルダーパッド、⑧ソックス、⑨サイガードという規定である。規定にはないが、「筋肉」も必須だ。

あらしのまっちょまん

【嵐のマッチョマン】

1998年にリリースされた、とんねるずが歌う名曲。歌詞の内容が独特でいかようにイメージするかは聴く人の感性に委ねられる。女性コーラスも入り、明るくノリのよいテンポ。ジャンルを超えて常に新しい提案をする、エンターテイナーのパフォーマンスに筋肉が奮い立つ。

ありがとうございまっちょ

【ありがとうございマッチョ】

東京都にある焼肉店「神保町食肉センター」は、絶えず行列ができる人気店。国産牛にこだわり、「細胞破砕装置」というもので安心・安全のための検査も行っている。客への配慮はお会計のレシートにも表れており、そこに記載されているのがこの言葉。トレーニーならこの感謝の言葉が筋肉細胞まで届き、一層筋トレに励むことだろう。

あれくさんどる・かれりん

【アレクサンドル・カレリン】

オリンピックのグレコローマンレスリング130kg級で三連覇した元レスリング選手。1987年から2000年までの国際大会で13年間無敗。しかも圧倒的な勝ちっぷりから「霊長類最強の男」と称された。強さの原点は過酷な筋トレにある。スネまで埋まる積雪の中でのランニング、3時間不休でボートを漕ぎ続けるなど、肉体も精神も追いこむトレーニングを行っていた。

あろまっちょてらぴー

【アロマッチョテラピー】

アロマテラピーとマッチョを組み合わせた造語。アロマの精油(エッセンシャルオイル)には、筋肉の疲労を回復させる働きやリラックス効果があるとされ、ロッカールームやトイレなどに導入しているフィットネスクラブやジムもある。

あんちどーぴんぐじゅこうかんりょうしょう

【アンチドーピング受講完了証】

日本ボディビル・フィットネス連盟で開催されるボディメイクコンテストは、アンチドーピングにより、クリーンで公正な審査が行われる。その取り組みのひとつとして、アンチドーピング教育を受講し、受講完了証の提出の規定がある。真のナチュラルボディこそが、競技レベルを高める。

筋肉雑学

あくびをしてもOK!?

授業中や仕事中にあくびをしたら、“集中していない”“やる気がない”と叱責される。しかし、筋トレ中のあくびは問題ない。あくびは疲れや眠気から生じるだけでなく、体が緊張状態になった際にも現れる。筋肉の血液量が増えることで、脳の血液量が減少し、体が緊張状態になるのだ。ちなみにあくびをして涙が出るのは、表情筋によって涙腺が刺激されるからである。

BACK DOUBLE BICEPS

いーえーえーさぷりめんと
【EAAサプリメント】

EAAは「Essential Amino Acids」の略で、9種類の必須アミノ酸をさす。血中のアミノ酸濃度を高め、筋肉合成や回復、脂肪燃焼などに働く。プロテインに比べて吸収が速い特性があるので、トレーニング前や最中の摂取がおすすめ。

いーえむえすベルト
【EMSベルト】

腹部に巻いて電気で振動刺激を与える機器。EMS は Electrical Muscle Stimulation（筋電気刺激）の略。おなかまわりの筋肉にアプローチして、引き締める効果が期待できるが、直接的に脂肪を燃焼させることはできない。周波数によって鍛えられる筋肉が異なるといわれている。これを巻いただけの効果を言及するのは難しいが、トレーニング前後のケアとして使用しているアスリートもいるそうだ。

いえす！
【Yes！】

アーノルド・シュワルツェネッガー（P24）の名言のひとつ「筋肉がNoと叫んだら、私はYes! と答える」の1ワード。この名言は単なる根性論ではなく、“身体と心が対話をすることに意義がある”というメッセージがこめられている。このメッセージが「Yes ！」に凝縮され、トレーニング中の合言葉になっている。ジムで耳を澄ませば、「Yes ！」というかけ声が聞こえてくるかもしれない。

いえとれは
【家トレ派】

自宅のみ、もしくは自宅中心でトレーニングする人。場所の観点での分類なので、オンラインフィットネスも含まれる。アクティブなインドア派ともいえよう。家トレは自重が中心になるので、ジムのマシンと同じ負荷をかけようとすると、回数を増やし、時間が長くかかるデメリットがある。ジムであれば、トレーナーが適切なフォームとやり方を指導してくれるので効率的だ。家トレのメリットは、時間を選ばないこと。「ちょっと筋トレしよう」と思ったらすぐに実行できる。自身のライフスタイルに合わせたワークアウトがベストである。

BACK DOUBLE BICEPS

いくせいげーむ

【育成ゲーム】

筋トレは自分磨きともいえる。正しく行えば、トレーニングした分だけ肉体が育成される。オンラインゲームに夢中になって課金するように、筋トレに夢中になることで“課筋”される。主人公は自分だ。筋トレは自分を育成するだけでなく、人生を変える可能性もある。

いじめる

【いじめる】

肉体と精神を追いこむことが、日々のトレーニング。トレーニーはいじめっ子であり、いじめられっ子ともいえる。ちなみに「鍛える」という言葉には、「いじめる」という意味もある。

いたちょこ

【板チョコ】

割れた腹筋の比喩として最も認知されている表現。板チョコはおなかの中に入っていくものだが、それが表面に現れるというインテリジェンスが感じられる。ほかにも割れた腹筋の比喩としては、「洗濯板」や「ちぎりパン」などがある。

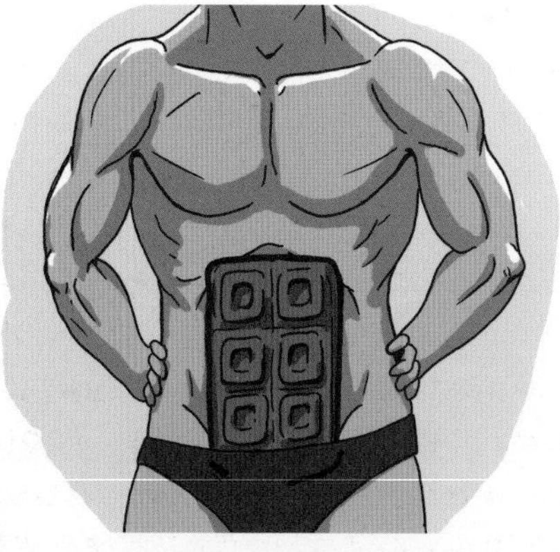

いでん

【遺伝】

「人間は生まれつき、遺伝的に特有のボディー・タイプを持っている」というドイツ出身のフィンク・ジュリウス氏という研究者の理論がある。遺伝のタイプは痩せ型の「エクトモルフ」、肥満型の「エンドモルフ」、がっちり型の「メソモルフ」に分かれる。日本人に多いのは「エクトモルフ」で、皮下脂肪がつきにくい反面、筋肉もつきにくいという特性がある。筋肉をつけるには、ほかのタイプよりもタンパク質摂取の管理を厳格にし、筋肉を休ませる時間を長くする必要がある。なお、皮下脂肪がつきにくい特性はあるが、内臓脂肪がつきにくいわけではない。

いぬなきん

【イヌナキン】

大阪府泉佐野市の公式キャラクター。犬鳴山の義犬伝説の主人公の末裔で、超自然的な力を得るために犬鳴山で修業中。修行では筋トレもしているのか、ムキムキの肉体。筋肉描写のクオリティが高いのは、『キン肉マン』の作者・ゆでたまご氏が産みの親だからだ。

©ゆでたまご/泉佐野市

いぼじ

【いぼ痔】

トレーニーに多いといわれる。ウエイトトレーニングでいきむことで、肛門に圧がかかるからだ。汗が冷えて血行を悪くすることも理由のひとつ。

いんすりんていこうせい

【インスリン抵抗性】

筋トレは糖尿病リスクを低下させるといわれる。糖尿病はインスリンの働きが不十分なために血糖が高くなる病気だが、筋トレによって筋肉が増えることでインスリン効果が高まり、血糖値が下がりやすくなるとされる。

いんたーばる

【インターバル】

トレーニングメニューのセット間にとる休息(レスト)のこと。適切なインターバルは筋肥大(P62)の効率を高める。また、トレーニングへの集中力も継続させられる。働き方改革に「勤務間インターバル制度」があるように、肉体の改革にも休息は必要。

いんどしききんとれ

【インド式筋トレ】

“10回行う”というシンプルな方法。ポイントは、10回できるかどうかというギリギリの負荷を設定すること。筋肥大(P62)の観点では、小さな負荷で回数を増やすより効率がよい。インドには「カラリパヤット」という空手や少林寺拳法のルーツともいわれる古武術があり、古くから身体を鍛えていた。また、かかとを上げて行う「ヒンズースクワット」はインドのプロレスラーが日本に伝えたものだ。

いんなーまっする

【インナーマッスル】

身体の深層部の筋肉。体幹を連想することが多いが、全身に存在する。関節の近くに位置しているため、運動に際して働くだけでなく、関節を安定させる機能に優れている。“内から鍛える”というのはアスリートには常識的な考えで、その重要性はスポーツをしない人も同様だ。インナーマッスルがしっかりと機能することで、表層の筋肉であるアウターマッスルも働きやすくなり、相乗効果をもたらす。

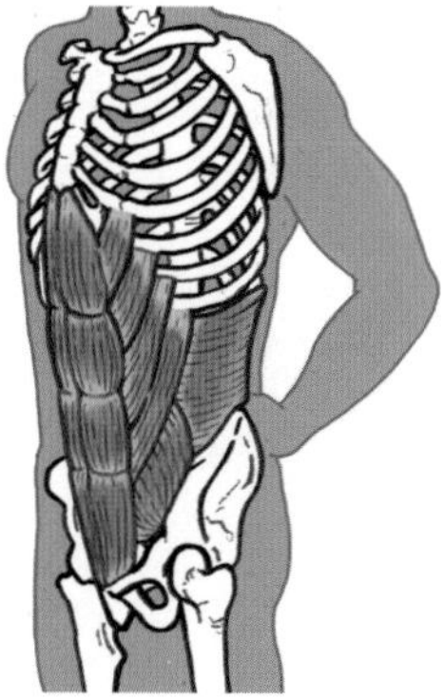

いんなーゆにっと

【インナーユニット】

インナーマッスルのうち、横隔膜、腹横筋、多裂筋、骨盤底筋群で構成されるもの。腹腔の深部にある筋肉で腹圧を高めるため、トレーニングの要となる部分である。表からは見えない選ばれし筋肉が、最強のユニットを組んだということだ。トレーニーが鍛えるものとして人気がある部位ではないが、効果的なボディメイクを達成させるためには必須の部位である。インナーマッスルのトレーニングを避けては通れない。人の外見には内面が表れる。

いんぼでぃ
【InBody】
筋肉量、タンパク質、ミネラル、体脂肪を定量的に分析できる体成分分析装置。株式会社インボディ・ジャパンが製造販売を行う。医療機関のほか、フィットネスクラブやジムでも導入しているところがある。ダイエットでも筋肉量を減らさずに減量することが重んじられている。

いんもうしょり
【陰毛処理】
ボディビルパンツやビキニを着用する大会では、出場者が陰毛処理するのは暗黙のルール。ウエアからのハミ毛は印象が悪い。大会の出場者以外のトレーニーはどうかというと、脱毛や除毛のブームもあり、また肉体美への意識が高いこともあって陰毛を処理している人は多いと推測される。統計データはない。ジムの施設内に陰毛が落ちているのは、あるあるの話。陰毛は衣服についてワープするもので、「なぜこんなところに？」という事態になる。

うーまんず・しぇいぷ あんど すぽーつ
【ウーマンズ・シェイプ アンド スポーツ／Woman's SHAPE&Sports】
女性のためのトレーニング＆スポーツ専門誌（季刊）。「鍛えた女性は美しい」をコンセプトに、エクササイズやフィットネス、ダイエット、スポーツ、筋トレ方法などが掲載されている。トップアスリート、インストラクター、芸能人、愛好家、一般読者からの情報とメッセージで、企画ごとに違った魅力がある。株式会社フィットネススポーツが発行する。

うぇあらぶるでばいす
【ウェアラブルデバイス】
手首や腕、頭などに装着するコンピューターデバイス。運動、心拍や脈拍、睡眠時間などが記録され、肉体づくりだけでなく、健康管理に役立てられる。仮想空間の情報を重ね合わせたものまで開発されている。

うえいとべすと
【ウエイトベスト】
重りを搭載したベスト。これを着用して自重トレーニングやランニングを行い、負荷を高める。ちなみに警察や機動隊が着用する防弾ベストも重い。強化をはかるためにさらに10kgぐらいのプレートを入れることもある。もちろん防衛目的だが、着用して活動しているだけで筋トレになっている。

うえいとりふてぃんぐ
【ウエイトリフティング】
オリンピックの正式種目。自分の体重の2倍以上にもなるバーベルを一瞬で床から頭上まで持ち上げる。その重さで競い合う。筋力、精神統一、スピードが最高の状態で組み合わさったとき、一瞬の爆発力を生み出す。「重量挙げ」と呼ばれることもある。

うぉーきんぐ

【ウォーキング】

代表的な有酸素運動。筋力を高めるほどの負荷はかからないが、脂肪燃焼に有効である。また、ボディフィットネスやフィットネスビキニの大会の審査にあるウォーキングは、筋肉に力を入れながらも、エレガントにしなやかに動くことが求められる。この歩き方を習得するのもトレーニングを要する。

うぉーたーさーばー

【ウォーターサーバー】

フィットネスクラブやジムでウォーターサーバーを設置しているところがあり、多くは無料サービス。トレーニング中の水分補給のほか、プロテインを溶かす水としても使用される。「プロテインサーバー」も普及しており、シェイカーが必要なく、ボタンを押すだけでプロテインを補給できるとして注目されている。フィットネスクラブやジムに設置されていることもあるが、こちらは無料ではない。

うぉーむあっぷ

【ウォームアップ】

「ウォーミングアップ」と同様の意味である。身体を温めるという意味で、運動するレベルにまで身体の状態を引き上げること。体温と心拍数を上げ、血液量を増やす準備運動をさす。一方、運動後に疲労回復の目的に行うものを「クールダウン」というが、同じ意味で「ウォームダウン」と呼ばれることもある。

うけつけすたっふ

【受付スタッフ】

お店や施設の顔ともいえる受付。業態によって受付スタッフの特性はさまざまだが、トレーニングジムの場合、マッチョが受付を担当していることもある。トレーナーが受付を兼任しているのだ。もちろんサービス業のプロなのできさくな態度でていねいに対応してくれる。肉体のでかいマッチョが事務作業でパソコンを打っている姿を見られることもある。

うさいん・ぼると

【ウサイン・ボルト】

「人類史上最速のスプリンター」といわれる、元陸上短距離の選手。オリンピックでの金メダルは100mで3個、200mで3個、4×100mで2個。100m走の9秒58という世界記録はこの先も破られないといわれている。規格外のスピードを生み出しているのは、鍛え上げられている肉体だ。ただ、マシンを使ったウエイトトレーニングばかりしていたかというとそうでもなく、メディシンボールやバランスボールを使った腹筋や自重トレなど、体幹トレーニングをメインに行っていた。このトレーニング風景は動画でも配信されている。陸上以外のスポーツにおいても体幹の重要性を再確認させた選手である。

うさぎとび

【うさぎ跳び】

昭和時代に行われた筋トレのひとつ。股関節、膝関節、足関節を深く曲げる無理な姿勢で関節に強い負荷がかかるため、現在は推奨されていない。リスクが高いわりに筋力はつかず、スクワットをするほうが効率的である。なお、現在存在しているうさぎ跳びは、園児が手のひらを頭の上に乗せてピョンピョンはねるお遊戯のみだ。

うちあげ

【打ち上げ】

ボディビルダーやフィジーカーは目的の大会に向けて、減量を念頭においた食事管理を数か月も続ける。それは大会当日まで続き、制約からは大会終了後に解放される。大会によっては主催者が御馳走を用意して打ち上げの場を設けている。おなかと心を満たし、出場者同士や関係者と交流をはかる。また、その後に個別で夜深くまで打ち上げをする選手もいるらしい。長いムチ期のあとは誰でもアメをなめたいものだ。

うちゅう

【宇宙】

人体は重力に逆らって姿勢を保ち、そのために筋力が使われている。これを「抗重力筋」という。宇宙には重力がないため、長期間滞在すると筋力も筋肉量もどんどん低下していく。そのため宇宙飛行士は地球に帰還後、国際宇宙ステーションにて筋トレをはじめとしたリハビリプログラムを行い、宇宙に飛び立つ前の肉体を取り戻していくそうだ。

うっかりどーぴんぐ

【うっかりドーピング】

意識的ではなく、禁止されている薬物やサプリを摂取してしまうこと。処方箋や健康管理のための薬やサプリに禁止物質が含まれていることもあり、競技者は成分を確認してから服用しなければならない。例えば市販の風邪薬によく含まれているエフェドリンは禁止物質だ。

うでずもうしようか？

【腕相撲しようか？】

見た目の筋肉ではなく、筋力を自慢したい人の誘い文句。ターゲットにするのは、自分より弱そうな人。筋トレをしていれば「筋肉の回復中なのでできない」と断ればよいだろう。なお、腕相撲で骨折をした人もいるようなので、酒席などで軽率に行わないほうがよい。

うでまくら

【腕枕】

腕、または胸を枕の代わりにすること。密着して眠れるため、愛情表現のひとつとされる。ところがマッチョの場合、筋肉が盛り上がっているため高さのある枕となり、される側は頸椎の形状に添わず、血流阻害を起こして眠りにくい。なお、筋トレ後は筋肉疲労を取り除く必要があるため、腕枕をすることは避けたほうがよいだろう。

うてんきんとれ

【雨天筋トレ】

屋外スポーツでは雨が降ると室内で練習をする。中学校や高校の部活動の場合、多くは筋トレ。フィジカルはあらゆるスポーツに必要だが、雨が降ると気分を落とす部員は少なくない。雨の日は気持ちも沈みがちのため、また移動が億劫になるためジムに行くことをためらう人も多いようだ。しかし、そんなときこそ、身体を動かしてリフレッシュ効果を期待したい。

うなりごえ

【うなり声】

「よっこらしょ」といって立ち上がるときや、「よいしょ」といって物を持ち上げるときなど、人間は筋力を発するときにしばしば声を出す。その声質は負荷の度合いで変わるが、筋トレでは日常生活では発しないような声質になることが多い。それは苦しみを感じさせるようなもので、あえぎ声やうめき声と喩えるのがふさわしい。家トレをしている人の声が近隣まで届き、警察に通報された人もいるので気をつけたい。また、ボディメイクコンテストにて、ポージングの際に気張りすぎて声が漏れる競技者もいるそうだ。

うまなみ

【馬並み】

鍛えあげられた肉体を称賛する言葉。ここでいう馬は競走馬をさし、盛り上がって筋張った太ももの筋肉を比喩したもの。ボディメイクコンテストでも「馬」を使ったかけ声がよくある。

うまみせいぶん

【うまみ成分】

和食の特徴である出汁。魚介系の出汁もおいしいけれど、トレーニーには昆布出汁がおすすめ。昆布出汁のうまみ成分はグルタミン酸というアミノ酸の一種。グルタミン酸には筋肉の分解を抑制し、合成を促す作用がある。筋トレ後に昆布出汁を使った料理を食べ、体中にうまみを行き渡らせたい。

うわき

【浮気】

突然、見た目を整えるようになると、パートナーは浮気や不倫を疑う。昨今、筋トレをすることが、浮気の兆候だといわれることがある。浮気が先か、筋トレが先かはわからない。もちろん思い過ごしもある。対策としてフィットネスクラブやジムに一緒に通ってはいかがだろう。

うんこ

【うんこ】

排便は、体外に出ようとする大便と、体内に留めておこうとする筋肉との力比べ。大便は肛門をこじ開けようとするが、肛門にある括約筋が抵抗する。括約筋は二重構造になっており、内側は自動的にゆるむが、外側は意識して動かすことができる。実際のところ内側の筋肉のほうが強いため、長期戦になると大便の力が勝る。なお、直腸を前方に引っ張っている恥骨直腸筋という筋肉があり、便意をがまんしているときは縮んでいる。前傾姿勢になるとゆるんでしまい、大便が肛門へ進んでいく。

えーあいとれーなー

【AIトレーナー】

トレーニングメニューを考えるのはAIで、トレーニーはAIの指示に従うだけという時代が、近い未来に訪れるかもしれない。これは都市伝説ではなく、実際にAIによって筋肉への負荷を自動スコア化したメニューを制作したり、最適な重さを設定することで凝縮されたトレーニングを提供したりするものが登場している。AIによって導かれる肉体とは……。

えーぴーえふ

【APF】

2021年に発足した日本国内のフィットネスイベントの運営団体で、アジア・フィジーク・フェデレーションの略語。APFは「Asia Physique Federation」の頭文字をとったもの。フィジーク、スポーツモデル、ランウェイモデル、ビキニモデルをはじめとする新しいカタチのボディメイクコンテストを提唱し、フィットネスの裾野を広げている。

えあきんとれ

【エア筋トレ】

エア自転車こぎ（仰向けになって下半身を持ち上げ、ペダルをこぐように脚を動かす）、エア縄とび、空気椅子など、道具を使わずに行うトレーニングの通称として使われる。エアギターやエア電話などと違うのは、見た目を似せるだけでなく、目的とする効果（筋力や筋肉量アップ）を得られること。人目を気にしなければ場所を選ばず、すき間時間を有効活用できる。もちろん、公共の場ではマナーを守ること。

えあろ

【エアロ】

1970～80年代に一大ブームになったエアロビクスの略語として使われる「エアロビ」と混同されることもあるが、自転車型のマシンで有酸素運動になるエアロバイク（コナミスポーツの商標）をさす。なお、「エアロ」の本来の意味は、有酸素性運動（「aerobic exercise」）のこと。

えがお
【笑顔】
ボディメイクコンテストでは審査員に向けてのアピールのひとつの要素。一見、楽しそうな表情だが、実際のところ筋肉を見せるために多大な力を発揮しており、笑える状況ではない。筋肉を美しく見せ、なおかつ笑顔をキープするのもトレーニングによる賜物。ちなみに笑うと筋肉の緊張状態がゆるみ、心身がリラックスする。

えきせんとりっく しゅうしゅく
【エキセントリック収縮】
筋肉の収縮様式のひとつ。「遠心性収縮」「伸長性収縮」とも呼ばれ、筋肉が伸長されながら力を発揮する収縮のこと。筋肉に大きな負荷がかかるため筋肉痛を伴いやすい。反対に筋肉が短縮されながら力を発揮する収縮を「コンセントリック収縮」（P73）という。なお「エキセントリック」は「異様な」とか「奇抜な」という意味がある。

えすじぼでぃらいん
【S字ボディライン】
背骨は本来、直線に近いS字ラインになっている。女性の場合、バストが出てウエストが凹み、ヒップが出ている体型でよりS字が際立つ。漫画『ワンピース』の登場キャラクターであるナミを“究極のS字ボディライン”という人もいるようだ。

えなどり
【エナドリ】
エナジードリンクの略語。清涼飲料水に位置づけられているため栄養素の効能はうたえないが、飲むと気持ちが高まるという感覚になり、トレーニーで愛用する人も多い。なお、「スポドリ」ことスポーツドリンクは、水分とミネラル補給という明確な目的がある。炭酸入りのエナドリをスポドリで割って飲む人もいる。

えぬえすしーえーじゃぱん
【NSCAジャパン】
アメリカのコロラド州コロラドスプリングスに本部をもつNSCA（National Strength and Conditioning Association）の日本支部。1991年に設立され、研究に裏づけられたストレングス＆コンディショニングに関する知識を普及させ、指導者の育成も行っている。「NSCA-CPT」というトレーナーの資格は業界でも認知度が高い。

えねるぎーしょうひりょう
【エネルギー消費量】
人体はなにもしなくてもエネルギーを消費している。安静時のエネルギー消費量の約22％は骨格筋が占めている。約60％を占めるのが基礎代謝で、これにも骨格筋が関与しているため、筋肉量を増やすことで相乗効果となり、脂肪を燃焼させ、太りにくく、病気になりにくい身体へと導く。

えびかにくすで おどっちゃお♪

【エビカニクスで踊っちゃお♪】

2002年に発売されたケロポンズ楽曲の『エビカニクス』という子ども向けのダンスミュージックの1フレーズ。“エアロビみたいな”というコンセプトによる歌詞や振りつけで、全身を使うエクササイズミュージックになっている。2012年のYouTube配信で再ブレイクし、大人にも人気となった。ちなみにチョキにした手を下げるとエビ、上げるとカニになり、この動作を繰り返す。

えむしーてぃーおいる

【MCTオイル】

中鎖脂肪酸の油のこと。一般的な油よりもすばやく消化・吸収され、即時エネルギーになりやすいという特長がある。トレーニーに注目されるオイルのひとつで、プロテインに混ぜて摂取する人も多い。MCTは「Medium Chain Triglyceride」の頭文字を合わせた言葉。

えんのしたのちからもち

【縁の下の力持ち】

600種類以上もある筋肉で目立つのは、やはり大胸筋や大臀筋、大腿四頭筋といった大きな筋肉。ところがこれらは小さな筋肉によって支えらえている。「スタビライザー（補助筋群）」と呼ばれるもので、例えば肩から腕にかけてある三角筋や上腕三頭筋、僧帽筋につながっている大円筋がそれにあたる。ちなみに大円筋の鍛え方は、プルアップやダンベルオーバー、チューブダウンなどがある。

おーだーすーつ

【オーダースーツ】

丈を合わせるとピッチピチ。肩幅に合わせると四角形のシルエットに。マッチョのスーツの選択肢はオーダーのみかもしれない。これはシャツも同様。マッチョ専用のオーダースーツを展開するメーカーもある。

おーばーおーる

【オーバーオール】

ボディビルやフィジークの大会で、体重や身長の階級に関係なく無差別で競い合うカテゴリー。これを制することは、その大会の王者の称号を手にしたことになり、大会によっては国際ボディビルディング・フィットネス連盟(IFBB)(P68)のプロカード(資格)を得られる。なお、肩ひものついたつりズボン型のつなぎとはまったく関係ない。上半身裸で着用するマッチョはいるが……。

おーばーわーく

【オーバーワーク】

疲労が十分に回復しないままトレーニングを継続して行うことで引き起こされる慢性疲労状態。オーバートレーニング症候群ともいう。また、過度なトレーニング自体をさす場合もある。疲れやすくなる、睡眠障害、食欲不振、体重減少、集中力の欠如、安静時の心拍数や血圧の上昇などが起きる。重症化すると、運動に復帰することが困難になる。

おーるあうと

【オールアウト】

トレーニングで筋肉を限界(疲労困憊する)まで追いこむこと。鍛えたい部位の筋肉に負荷をかけ続け、力を出し切った状態にすることで、効率的に筋肥大させることが可能である。トレーニングの終了をさす場合もあり、身体はへとへとだが、心の中では「オールアウト!」と達成感に満ちた響きを持つ。

おうえん

【応援】

ボディメイクコンテストにて、競技者のファンや仲間たちによるかけ声のやり合い。予選審査や比較審査では、5名前後の競技者が同時にステージに立つが、審査員に注目してもらうため、競技者のゼッケン番号とストロングポイントとなる筋肉を叫ぶこともある。中には大人数の応援団を持つ競技者もいる。

おうかくまく

【横隔膜】

胸腔と腹部とを仕切っているドーム状の薄い筋肉でできた膜。息を吸ったり吐いたりすることで横隔膜が上下に動く。これにより胸腔内の圧力が変化して肺が膨らんだり縮んだりして呼吸が行われる。インナーユニット(P33)のひとつで、周囲の筋肉と連動し、また自律神経を刺激する働きもある。ちなみに横隔膜のけいれんが、しゃっくりである。

おおさかずき まっちょ

【大盃 Macho】

群馬県にある元禄3年(1690年)創業の酒蔵「牧野酒造」の日本酒。数々の銘酒を産み出した伝統ある酒造が、さまざまなマッチョなイラストをラベルにした。ラベルの種類ごとに風味(ボディ)の違いを出している。

おおさわなおこ

【大澤直子】

北京アジア大会優勝、世界選手権4位、アーノルドクラシックコロバンス8位、日本選手権2位(2016、'17年)という経歴を持つ、世界レベルの女子フィジーク選手。鍛え上げられた肉体はもちろん、ヘアメイクなどトータルの美しさを持ち、「マッスルビューティー」という異名も持つ。現在はゴールドジム所属のトレーナーとして、選手の育成や一般のトレーニー、高齢者の健康的な身体づくりをサポートする活動を行っている。

おかだたかし
【岡田隆】

「バズーカ岡田」という愛称で知られる体育学者であり、ボディビルダー。「太ももの筋肉がバズーカのようだ」といわれたのが愛称の由来。YouTubeチャンネル『バズーカ岡田の筋トレラボ』『新・バズーカ岡田チャンネル』では、トレーニング内容のほか、ボディビル界を俯瞰した視点で観察し、スポーツ競技として普及するための思いを語っている。トレーニングは「心と身体を鍛えるもの」をポリシーに、アスリートから一般の方まで、さまざまなフィールドでそれぞれに適した身体づくりを提案・指導している。なお、本書では監修チーム長を務める。

おかべみつる
【岡部みつる】

“世界のミッツ”とも呼ばれる筋肉写真家。岡部氏に撮影してもらったら“トップビルダーの証し”といわれるほど、伝説のカメラマンとして知られる。1989～2008年までアメリカで映像作家として活躍し、数々のレジェンドビルダーの姿を映像に残してきた。トレーニングや食事風景などプライベートの撮影も多い。YouTubeチャンネル『ミッツTV』では、有名選手との秘話などを配信している。本人も元ボディビルダー。

おかわり
【おかわり】

トレーニングメニューをこなしたのち、体のコンディションをみたうえでトレーニングを追加すること。おかわりは、オーバーワークにならないようにするのが条件。力士や格闘家などはご飯をおかわりして身体を大きくすることがあるが、ボディメイクコンテストを目指すトレーニーは、厳しく食事管理をしているため、そのときの気分でご飯をおかわりすることはない。

おきなわしょうぼうしかれんだー
【沖縄消防士カレンダー】

「沖縄救急ヘリNPO法人MESHサポート」への寄付を目的に製作したチャリティーカレンダー。消防隊員は体を張って消防や救助活動をしている。日ごろから体を鍛えあげており、その肉体はもちろん写真映えする。2011年版を皮切りに反響を受けながら年々クオリティが高まっており、モデルの消防隊員はボディビルダーのポージングを研究しているそうだ。

おさわり
【おさわり】

筋肉に手で触れること。鍛え上げた肉体を「誰かにさわってもらい」「褒めてほしい」と思う人は少なくない。さわりたい人もいればさわりたくない人もいるもので、誘い方によっては“強要”ととらえられるので注意が必要。もちろん、さわられたくない人もいる。

おしきん
【推し筋】

筋肉フェチの趣向は細分化されている。全身を好む人もいれば、身体のある部位を限定して好む人もいて、その筋肉を「推し筋」という。代表的なのが大胸筋や腹筋、大腿二頭筋だが、後頭部から鎖骨、肩などの背中の上部を覆うひし型の僧帽筋、引き締まったお尻を作る大臀筋なども人気。また、ボディビルダーやフィジーカーなど、応援したい特定の競技者に対して使われることもある。なお、ボディメイクの競技者も自身の筋肉で自信を持っている部位があるが、それ以外の部位を称賛され、自身の推し筋以外がその人の代名詞にされることもあるらしい。

本書監修チームのメンバーそれぞれの推し筋は、バズーカ岡田氏をはじめ、全員(八角卓克氏、三矢紘駆氏、小菅亨氏)が、大胸筋。

おとなのこべつしどう
【大人の個別指導】

パーソナルトレーナーによるマンツーマンでの指導のこと。子どもの学習で家庭教師などの指導で飛躍的に学力が伸びるように、筋トレにおいても直接的な指導で効果が高まる。また、コンディションを確認しながら指導してくれるため、ケガの予防やマンネリ化の防止にもなり、筋トレを継続しやすい。料金は決して安くはないが、身体づくりの投資と思えば、コスパはよい。“大人”という言葉にエロ要素を感じる人は、にわかトレーニーだ。ガチトレーニーは、負荷と真に向き合っているため、雑念はいっさいない。

おなら
【オナラ】

肛門の括約筋をはじめとする骨盤底筋の収縮力が低下すると、オナラが出やすくなる。また、筋トレで筋肉に力を入れることで腸が刺激され、空気が外に追いやられることもある。ベンチプレスやバーベルスクワットなどでオナラが出てしまったというのは、よく聞く話。

おに○○
【鬼○○】

「すごい」という意味で使われる「超」は、いつからか「鬼」にすりかわった。「鬼は強い」という意味合いから派生されたものだと思われるが、筋肉に対する表現でも鬼はたびたび登場する。例えば、鍛え上げられた広背筋によってできる肩甲骨の下部の凹みを「鬼の目」、その広背筋全体を「鬼の顔」と比喩する。ある意味、タトゥよりも深彫りされたアートだ。

おねがいまっする

【お願いマッスル】

テレビアニメ『ダンベル何キロ持てる?』のオープニングテーマ曲。歌詞には「キレてるよ!」「腹筋6LDKかい!」「仕上がってるよ!」というボディメイクコンテストの定番のかけ声も入っている。なお同アニメのエンディングテーマは『マッチョアネーム?』という曲名。

おひめさまだっこ

【お姫様抱っこ】

相手を横向きにして、両腕で抱え上げること。結婚式の写真撮影での定番ポーズでもあり、式を控えて筋トレを始める新郎もいるらしい。余裕を持って笑顔で抱えられるだけの筋力が求められる。筋力がない場合は、抱かれる側の人に身体を密着してもらい、体重の負荷が分散されるようにするとよい。

おふろがわり

【お風呂がわり】

スパやシャワーが併設されているフィットネスクラブやジムに、トレーニングはろくにせず、お風呂目的で訪れる人もいるらしい。フィットネスクラブによっては、温泉つきや露天風呂があるなど、お風呂の充実を打ち出しているところもあり、お風呂だけの利用も受け入れている。スパやサウナに行くよりコスパがよい場合もあるが、トレーニングしよう。

おぺらぐらす

【オペラグラス】

大きな会場で行われるボディメイクコンテストでは、後方の席になった場合、競技者の肉体を細部まで見るためには、オペラグラスが必須。性能がよければ最前列の審査委員より細かく見ることができる。競技者の表情を確認できるのも魅力だ。

おもいこみこうか

【思いこみ効果】

なにも効果がない薬でも“よくなる”と思いこむことで、病気の症状が改善することがある。心理学では「プラシーボ(プラセボ)効果」と呼ばれ、筋トレにも取り入れられる。ある調査では、運動効果が高いと思いこんだ人は、そうでない人と比べて、体重減少などさまざまな効果が見られている。

おもいしりをあげる

【重い尻を上げる】

ヒップアップのことで、大きくなりすぎたお尻に使われる。また、「重い腰を上げる」という意味も含まれており、矯正下着などでつくる偽善ヒップアップをしているような人に当てはまる言葉。重い腰を上げてでもトレーニングすれば、重い尻は上がっていくもの。

おりんぴあ

【オリンピア】

ボディビルの世界最高峰の大会である「ミスター・オリンピア」(P156)の略称。

おりんぴっくばー

【オリンピックバー】

重さ20kg、長さ220cmのバーベルのシャフトをさす。「オリンピックシャフト」とも呼ばれる。プレートのつけかえひとつで、重量を軽くしたり重くしたりできる。高性能のものは曲がることのない強度でありながら、ある程度の弾力性がある。トレーニング現場では必須の道具だ。

おんきょうとらぶる

【音響トラブル】

小規模で行われるボディメイクコンテストでは、主催者も興業に不慣れ。音響の担当も専門者ではないため、ほかの競技者の曲を流したり、曲がうまく再生されなかったり、たびたび音響トラブルが発生する。戸惑う競技者に声援を送りたい。

おんなの
ゆうじょうときんにく

【女の友情と筋肉】

X(旧ツイッター)アカウントの『ツイ4』(星海社)で配信される4コマ漫画。著者はKANA氏。コミック化、実写版でミュージカル化もされているほどの人気ぶり。内容は、3人のマッチョな女性が育児、仕事、恋愛といった日常生活で繰り広げるドタバタ劇。キャッチコピーは「恋も仕事も友情も、ぜーんぶがんばりマッスル！」。

©KANA/星海社

おんらいんふぃっとねす

【オンラインフィットネス】

自宅にいながらフィットネスや筋トレができるオンラインレッスン。ジム通いの手間が省けるだけでなく、ライブ配信の場合は継続しやすいというメリットもある。ビデオ配信のものであれば時間を選ばずに行える。自重トレーニングのフォーム指導、食事指導を受けられるサービスもある。ただ、自宅なので自重トレーニングのみになることに留意したい。

か

かーぶす

【カーブス】

女性だけの30分フィットネスクラブ。簡単な筋トレと有酸素運動を交互に行って、最後にストレッチというのが主なメニューの内容だ。運動が苦手な人にも人気。2005年に出店すると、瞬く間に全国に店舗ができ、現在は医療や地域との連携も行っている。2018年から男性のための「メンズ・カーブス」も展開している。

かーふすりーぶ

【カーフスリーブ】

ふくらはぎのことを「カーフ」という。ふくらはぎに着用する「カーフスリーブ」には、運動時に筋肉に伝わる振動を抑え、血流を促進し、筋肉が疲労しにくくなる効果がある。スパッツタイプのコンプレッションウェアはパフォーマンスの向上という理由から、マラソンやトレッキングなど長距離、長時間の運動をする人に愛用されることが多い。なお、むくみ予防にもなる。

かーぼあっぷ

【カーボアップ】

カーボは炭水化物の意味である「carbohydrates」の略語。炭水化物に含まれる糖質は、グリコーゲンとして筋肉や肝臓に貯蔵される。カーボアップは重要な試合に向けて、事前に体内に糖質を満タンに入れること。ボディビルダーは大会から逆算し、1週間前から3～4日間、炭水化物を摂取しない「カーボディプリート」を行う。筋肉はグリコーゲンが枯渇した状態。そして、試合数日前からカーボアップを行う。カーボディプリートの反動によって、筋肉がグリコーゲンをより多く体内に蓄えようとする状態になっている。これによって筋肉を大きく張らすことが可能になり、最高の状態で本番に臨めるのだ。別名は「グリコーゲン・ローディング」。

かあつとれーにんぐ

【加圧トレーニング】

腕や脚のつけ根に専用のベルトを装着し、適度に血流を制限した状態でトレーニングすること。KAATSU JAPAN株式会社が特許を有しているトレーニング法で、有資格者のもとでしかトレーニングできない。血流をコントロールすることで、成長ホルモンが大量に分泌され、筋力アップのほか、脂肪の燃焼や基礎代謝量アップ、美肌の維持効果が期待されている。

かいかいしき
【開会式】

ボディメイクコンテストは全国で行われ、規模もさまざま。ボディビルの普及とともに大会も発展しているが、開会式を行うタイミングに独特の風習が残った大会もある。午前中にピックアップ（P132）と規定ポーズが行われ、お昼休憩に。午後からフリーポーズかと思いきや、ここで開会式。予選で敗退した選手も参加するため、どこかしっくりこない人も多い。これは同じ日に同じ会場で複数の大会を行っていた背景がある。午前中にすべての大会の予選を終わらせ、午後から同時に決勝を行うという意図があったからだ。現在、大会の多くは最初に開会式を行ってピックアップという進行に移り変わっている。

かいりき
【怪力】

不思議な力、または並はずれた強い力のこと。鍛え上げられた肉体の持ち主や格闘家を「怪力」と称することがあるが、不思議な力と捉えられると意味が違ってくるため、称するなら「剛力」が適切だろう。ただし、「剛力」には「登山者の荷物を背負い道案内をする人」という別の意味もある。

かえるあし
【カエル足（脚）】

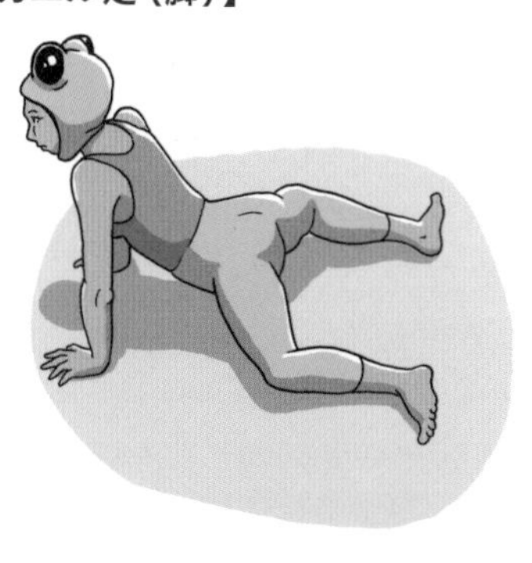

筋トレやストレッチで採用される、カエルの後ろ脚を真似たポージング。股関節の可動域を広げて骨盤底筋に働きかけ、体幹を強化していく。足やせ、ヒップアップ、ウエストのくびれなど、ボディラインを整えることを目的に行われることも多い。

かがみいぞん
【鏡依存】

自分の肉体を確認しなくては気がすまない状況になること。自宅の鏡はもちろん、街のビルの窓も筋肉チェック用と化す。ナルシストの領域であれば問題ないが、“確認しないといてもたってもいられない”という心理状態で、確認を何度も繰り返すようになると、強迫性障害（P55）も疑われる。

かくとうぎけい ふぃっとねす
【格闘技系フィットネス】

ボクシングやキックボクシングのジムに、競技への参加ではなく、フィットネス目的で通う人が増えている。また、フィットネスクラブで格闘技系フィットネスのプログラムを設けているところもある。これらは格闘技の動きに有酸素運動を組み合わせたメニューで、脂肪燃焼やストレス発散の効果が高い。

か

けごえ

かけごえ

【かけ声】

ボディメイクコンテストで観客が競技者にかける言葉は独特である。肉体を称する内容のものが多く、ユニークな比喩表現も多数あり、ボディビル界以外でも注目される。書籍『ボディビルのかけ声辞典』(スモール出版)には主要なかけ声が収録されている。また、大学や地域の大会のほうがかけ声が飛び交うことが多く、ユニークな内容のかけ声が生まれ続けている。

『ボディビルのかけ声辞典』
(スモール出版)

※上記は、書籍『ボデイビルのかけ声辞典』に掲載されているもの以外のかけ声や、違った表現もあります。

かじばのばかぢから

【火事場の馬鹿力】

切迫した状況に置かれると、普段では想像できないような力が無意識に出ること。アドレナリンの分泌量が高まったとき、速筋（P96）に電気信号を送られて生まれる。よって、この力がつくり出せる状態にするところまでは意識的にできる。ちなみに漫画『キン肉マン』の主人公・キン肉マンは、この慣用句をもじった「火事場のクソ力」という能力を持ち、この能力を引き出すのが“友情”である。

かすがとしあき

【春日俊彰】

お笑いコンビ「オードリー」のボケ担当。元アメリカンフットボール選手で肉体のポテンシャルが高く、テレビ番組の企画でボディビルに本格的に挑戦。大会でも好成績を残す。その後も「水中ベンチプレスの最多連続回数」のギネス記録を打ち立てたり、エアロビクスの全国大会で銅メダルを受賞したり、お笑いと並行して肉体を使った活動も続けている。顔芸の「鬼瓦」は、ボディメイクコンテストのポージングでも飛び出した。本来､広背筋が「鬼」に喩えられるが、春日氏の場合は正面を向いたままでも鬼勝負ができる。

がぞうほせい

【画像補正】

さまざまな種類の「筋肉加工アプリ」があり､専門技術がなくても画像を補正できる。大胸筋や上腕二頭筋を巨大化させたり、腹筋をバキバキにさせたり、本来であれば長い期間をかけてお目見えする肉体を短時間でつくれる。画像補正の目的はさまざまだろうが、理想の肉体をつくり出し、それをリアルにするためのモチベーションにつなげる人もいる。

かたぐるま

【肩車】

子どもを肩に乗せた状態。子どもが肩の上で暴れる場合、肩車を安定させるには強靭な体幹が求められる。肩車スクワットという筋トレ種目もあるが、子どもがケガをする可能性があることは避けるべき。

がちとれーにー

【ガチトレーニー】

筋トレの打ちこみ度合いは人それぞれ。ハードトレーニングが必ずしも“ガチ”を表すものでもない。筋トレ中心の日常生活になっていれば「ガチトレーニー」といえる。「ガチ」は本気、真剣、真面目という意味で、同義語に「マジ」があるが、本気度の強い印象は「ガチ」のほうで、本気度の弱い順に「にわかトレーニー」「マジトレーニー」「ガチトレーニー」と分類できるだろう。また、ガチトレーニーは、筋トレのフォーム、内容、食事管理などの知識が豊富である。ウエアなどファッションによる見た目だけでは判断できない。

がちむち

【ガチムチ】

「ガチ」は本気という意味ではなく、「がっちり」のこと。「ムチ」は「むっちり」のこと。むっちりはやわらかい筋肉の場合もあれば、脂肪の場合もある。“肉づきのよい身体”といいかえられる。脂肪がない場合は「ガチムキ」と表現するのが無難だろう。

がっしゅくうんてんめんきょすくーる

【合宿運転免許スクール】

自動車免許を取得するために教習合宿があるが、その宿泊施設にトレーニングジムを併設しているところがある。マシンの種類や規模はさまざま。合宿所の立地にもよるが、自動車教習以外の空き時間になにもすることがないような地域もある。合宿期間は一般的に半月。合宿後は免許と合わせて筋肉も取得してしまおう。

がっちかちやぞ!

【カッチカチやぞ!】

お笑い芸人「ザブングル」の加藤歩氏のギャグ。「見ろやこの筋肉! カッチカチやぞ! ゾックゾクするやろ!」というのが本来のフレーズだが、「カッチカチやぞ!」の部分だけを切り取って使用している人も多い。

がっつぽーず

【ガッツポーズ】

元プロボクサーのガッツ石松氏がWBC世界ライト級王座を奪取したときに両手を上げて喜んだポーズとされるが、由来は諸説ある。特に筋肉を主張しているわけではないが、フロントダブルバイセップスというボディビルのポーズと似ていることもあってか、力強さを示すポーズをガッツポーズと認識されるようになった。ファイティングポーズと混同される傾向にあるが、本来はファイトが終わったあとにするポーズである。

かっと

【カット】

体脂肪を落とすことで、筋肉一つひとつの部位が皮膚の上から見えている状態のこと。宝石でいうカットは、いくつかの種類の形状にカットして研磨し、輝きを出すもの。ボディメイクコンテストでは宝石を鑑定するように、肉体が審査される。競技者は「カットを出す」「カットをつくる」ことが求められる。

かでんりょうはんてん

【家電量販店】

テレビ、冷蔵庫、洗濯機などの日常生活の必需品と同様の売り場面積を持つのが、健康器具である。トレーニング機器のみならず、ウェアラブルデバイス(P34)、心拍計、体重計などが揃う。試用できる商品もあるので、家トレを始める前に訪れるのもおすすめだ。

かもん！

【come on！】

筋トレで高い負荷がかかっている状態で、自分を奮い立たせるために発する。「come on」には、「さあ、来い」という意味のほかに、「がんばれ」という応援する意味合いもある。しばしば、「Yes！」の同意語として扱われる。声を発することは、すなわち息を吐くこと。そのため、腹筋に力が入って体幹が固定され、パフォーマンスが発揮されやすい状態になる。

かねこけん

【金子賢】

俳優や、格闘技、ボディメイクと多彩な活動をする。WBC KOREA2016では「World Body Classic」で優勝。ボディメイクコンテストのSUMMER STYLE AWARDの実行委員長として、NABBA JAPANの代表として、ボディメイクの普及にも努めている。活動のモットーは、「世界に派遣できる競技者を育成するとともに、一般の人が気軽にボディメイクができる環境の整備」を行うことである。

かふぇ きっさこ

【カフェ きっさこ】

宮城県伊具郡丸森町にある喫茶店。店主の菊池正幸氏はかつて日本2位になったボディビルダーで、現役。「ボディビルダーが淹れるコーヒー」としてメディアでも取り上げられ、取材時は必ず上半身を裸にさせられるそう。地元の人々に愛されるほか、日本各地からボディビルダーや関係者が訪れ、コーヒーを飲みながら筋肉談義が繰り広げられているらしい。

かまぼこ

【かまぼこ】

かまぼこは縁起のよい食材であり、トレーニーにも重宝されるが、目的は縁起ではなく、タンパク質摂取。魚数匹分のタンパク質が含まれており、調理も不要なことから食事に取り入れやすい。ちなみにちくわはかまぼこと形状が違うだけで、こちらもトレーニーの人気食材である。

かめんらいだー

【仮面ライダー】

1971年にテレビ放送が開始された、人気ヒーロー特撮シリーズ。盛り上がった胸筋とバキバキの腹筋が際立つビジュアルで、その中でも見事なシックスパックを見せるのが、仮面ライダーアマゾンだ。また、仮面ライダーに変身する前の人間の肉体も注目される。容姿の整った若手俳優が起用され、子どもたちだけでなく保護者からの人気も高い。主演に抜擢された俳優は肉体を鍛え上げ、より高いクオリティのヒーローを演じている。多くは細マッチョだ。なお、シリーズによっては必ずしも筋肉が強調されていない。

かんぜんこしつがた

【完全個室型】

トレーニングマシンが揃った個室を自分ひとりで占領できるプライベートジム。トレーニングへの打ちこみ方は人それぞれだが、周囲を気にすることなく集中したいというトレーニーが多い。パーソナルトレーナーの指導を受けるケースもあれば、完全無人のケースもある。

がんとれ

【眼トレ】

目には毛様体筋という筋肉があり、毛様体筋の拡張と収縮によって水晶体が変形し、遠くと近くのものの焦点を合わせる調節が行われる。毛様体筋は加齢によって衰えていくため、この筋肉を鍛えようという「眼トレ」があるが、圧をかけることで逆効果になることもある。むしろトレーニングはせずに、目を休ませることが大切だといわれている。

筋肉雑学

体を鍛えると風邪をひかない

筋トレによって基礎代謝量、免疫力がアップし、血流促進や自律神経のバランスが整う。また運動、食事、睡眠という生活習慣が整うことで体調をくずしにくくなるともいえる。ただし、一定のトレーニング量を超えると、疲労との兼ね合いで体のメカニズムに障害が起こり、風邪をひきやすいという研究報告もある。

きそたいしゃりょう

【基礎代謝量】

安静時に消費されるエネルギー量を表すもの。基礎代謝量が高ければ、エネルギー消費量が増え、脂肪燃焼の効果も高まる。基礎代謝量の目安は、個人によって異なる。計算式は一般的に2種類あるが、『日本人の基礎代謝基準値（食事摂取基準 2015 年度版）』による計算式は次の通り。

基礎代謝基準値×自分の体重（kg）
＝基準となる基礎代謝量

基礎代謝基準値（kcal/kg/日）

	男性	女性
18-29歳	24.0	22.1
30-49歳	22.3	21.7
50-69歳	21.5	20.7
70歳以上	21.5	20.7

きたえる

【鍛える】

語源は「刀」。熱くして叩いたのちに冷やすという作業を繰り返して形状を整え、強靭な刃にしていく。筋肉の発熱力を増やし、休ませるという流れを繰り返す筋トレは、刀をつくる過程に似たところがある。

ぎっくりごし

【ぎっくり腰】

急に起こった強い腰の痛みを指す症状の通称で、病名や診断名ではない。正式には「急性腰痛症」と呼ばれる。発症の原因は、老化、姿勢の悪さ、筋肉の損傷などさまざま。筋トレ中に発症することもある。重いものを持ち上げたときや腰をひねったりしたときに突然生じるため、関節や椎間板に許容以上の力がかかってケガをしたような状態（捻挫）ともいえる。ウォームアップはもちろん、そのときの筋肉のコンディションを確認したうえでトレーニング内容を考えることも大切だ。

きっちんぺーぱー

【キッチンペーパー】

ボディメイクコンテストでは、ステージ裏で審査の直前までパンプアップ（P129）を行う。そのため発汗が起き、ステージに登場する前に汗を処理する必要がある。その処理を“キッチンペーパーでしていた”という目撃情報があり。観客席から見たものなので定かではないが、キッチンペーパーの吸収力は高いため、理にかなっている。

きていぽーず

【規定ポーズ】

ボディメイクコンテストにて特定の筋肉を審査するためのポーズ。コンテストによって規定ポーズの違いがある。「コンパルソリーポーズ」とも呼ばれ、同じポーズで比較するという意味になる。

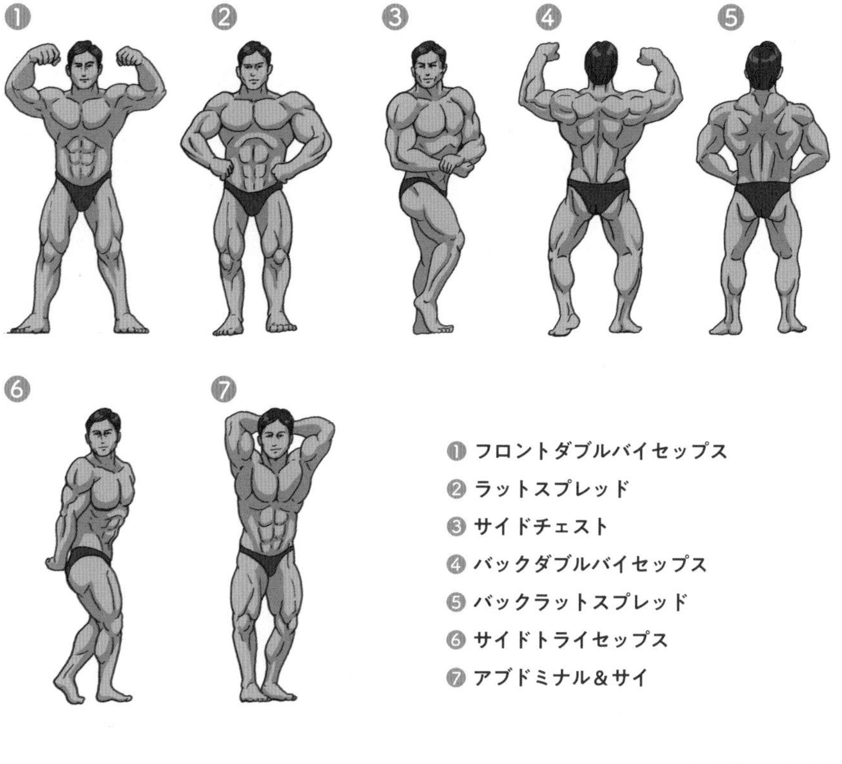

❶ フロントダブルバイセップス
❷ ラットスプレッド
❸ サイドチェスト
❹ バックダブルバイセップス
❺ バックラットスプレッド
❻ サイドトライセップス
❼ アブドミナル＆サイ

ぎねすきろく

【ギネス記録】

「世界一長身のボディビルダー」とか「最高齢のボディビルダー」といった人物に対する記録のほか、バーベルやベンチプレスの重さといったパフォーマンスに対する記録など、筋肉に関わるギネス記録の種類はさまざま。その中で「1時間で最も多く腕立て伏せをした人」というギネスもあり、オーストラリア人の男性が、3,206回という記録（2013年）を打ち立てている。計算上では、1秒に1回のペースをほとんど休みなしで1時間続ける回数だ。肘を90度以上曲げないといけないなどの規定をクリアしての大記録で、世界が仰天した。

きねてぃっくちぇーん

【キネティックチェーン】

運動連鎖のこと。ある関節が動くと隣り合う関節が連動する。筋トレでは身体の末端部（手や足）を固定されていない種目をオープンキネティックチェーンといい、身体の末端部が固定された種目をクローズドキネティックチェーンという。前者はベンチプレスやショルダープレスなど、後者はスクワットやプッシュアップなどの種目が挙げられる。

きめる

【キメる】

ボディメイクコンテストのポージングで、筋肉を最高潮にして見せること。キメ顔とセットされるとより美しいが、ドヤ顔になると印象が悪くなるかもしれない。これはボディメイクコンテストだけでなく、写真撮影のときも同様である。

ぎゃくさよう

【逆作用】

筋肉の作用は、正作用と逆作用（または反作用）に分けられる。通常、筋の作用では停止部が起始部に近づき、近位部が固定され遠位部が動く。しかし、逆作用では、筋の起始部が停止部に近づき、遠位部が固定され近位部が動くといった動作になる。例えば、懸垂での上腕二頭筋の作用が逆作用になる。別名「リバースアクション（reverse action）」という。

ぎゃくさんかくけい

【逆三角形】

ボディラインの表現のひとつ。肩を三角形の底辺とし、肩幅が広く、ウエストが細いため、上から下にかけて徐々に引き締まっていくという体型をさす。三角筋や広背筋を筋肥大させて腹斜筋を絞りこむことで逆三角形が導かれる。水泳選手の身体も逆三角形によく例えられる。

きゃんぷじょう
【キャンプ場】

筋トレブームと並行するかのようにキャンプブームが続いている。マッチョのキャンパーも増えており、夏場は肌を露出したマッチョがバーベキューを楽しむ光景を見かける。とはいえチートデー（P102）でない限り食事制限があり、筋トレも休むわけにはいかない。こうした背景もありキャンプ場で筋トレをするトレーニーもいる。ソロキャンパー兼トレーニーは、大自然と筋肉と向かい合っているのだ。

きゅうけいしつ
【休憩室】

トレーニングマシンが揃い、優秀なトレーナーがいるだけでは、充実した施設とはいえない。トレーニーにとっては休憩室の環境も必要。スパやサウナの充実はもちろん、リクライニングチェアを置いているところ、畳を敷いた和室空間を設けているところもある。トレーニング前後の利用が可能だが、居心地がよすぎて副交感神経が優位になると、トレーニングのスイッチを入れにくい。トレーニング後の利用がベターだろう。

きょうえいせんしゅ
【競泳選手】

スタート台にボディメイクコンテストの競技者を思わせるかのような肉体美が並ぶ。水の抵抗を計算して無駄のない身体に鍛え上げられたものだ。競泳選手は常に水中でトレーニングしているかといえばそうではなく、肉体をつくり上げるのは陸が中心。体幹をはじめ、各部位のウエイトトレーニングをするとともに、すべての筋群が同時に機能するように調整するのが、競泳選手ならではの筋トレといえる。

きょうはくせいしょうがい
【強迫性障害】

精神疾患のひとつ。恐怖の対象となるものを「強迫観念」といい、それを打ち消そうとして「強迫行為」に及んでしまう。強迫観念は人それぞれで、「トレーニングしなければならない」というのもそのひとつ。オーバートレーニングに発展するだけでなく、ストレスから心がさいなまれる。この病気を発症しているかどうかの判断のひとつは、強迫観念に対して自身でコントロールできるかという点。コントロールできれば、性分と捉えることもできる。

きるきんにく
【着る筋肉】

医療機器として期待される人工筋肉。その中でダイヤ工業が開発した「着る筋肉」は、インナーマッスルとアウターマッスルを模した多重構造で、体や動きに適合したサポート力がある。老化や事故などにより自分の身体を思うように動かせない人の活動をアシスト、サポートする。

きれてる

【キレてる】

筋肉の輪郭がはっきりしている肉体に対する表現。ボディメイクコンテストでのかけ声でも定番である。この状態にするには、肉体を絞りこむことが求められる。なお、口語体での使用になるので“い抜き言葉”となり、「キレている」とは表記されない。使う場所、タイミングを考慮し、感情的な爆発を意味する「キレる」と混同されないようにしたい。

きんうんおみくじ

【筋運おみくじ】

フィットネスブランド「VALX（バルクス）」を展開する株式会社レバレッジが、2023年にリリースしたインターネットで行えるおみくじ。スロット式で、ボタンを3回押して決定するシステム。1回目のボタンで「ムキム吉」「バルクアップ大吉」などの運勢が決まり、2回目のボタンで筋肉の名称、3回目のボタンでアクションアドバイスが決まる。トレーニングの内容に迷ったり、マンネリを感じたりしたときに頼ってみるのもよいだろう。

きんえん

【禁煙】

ニコチンは全身の血管を収縮させ、血液の循環を阻害する強力な作用がある。煙には血球と酸素の結合を妨げる作用を持つ一酸化炭素が含まれている。筋肉に十分な血液が届かず、届いたとしても酸素量を失った状態。喫煙はリラックス効果をもたらすともいわれることがあるが、筋肉にとってはまったくリラックスできないことだ。

きんかつさんてんせっと

【キン活3点セット】

菌活、筋活、金活の3つで健康と豊かな人生を得られるという考え方。腸内の善玉菌を増やし、筋肉を鍛えて代謝をよくした健康体は、お金を稼ぐための資本ともいえる。「体が資本」といわれるように、ゆとりある生活を実現させるには体を整えたい。

きんきんちょう

【筋緊張】

人間は活動しているとき、重力に対して姿勢を保持するために「抗重力筋」が常に緊張し働いている。立っているだけ、座っているだけでも、常に抗重力筋のどれかが緊張しているため、疲労しやすく収縮したままになりやすい。筋肉を休ませなければ、筋疲労や腰痛、肩こりなどの症状が現れる。

きんぐりこーげん

【筋グリコーゲン】

筋肉に蓄えられるグリコーゲンのこと。筋肉が収縮する際にATPという物質に分解されてエネルギーとなる。なお、食品メーカーの江崎グリコの社名は、グリコーゲンにちなんでつけられた。

きんこっかくしみゅれーしょん

【筋骨格シミュレーション】

デンマークのオールボー大学で開発された筋骨格メカニクス解析ソフトウェア。人体の各部に作用する力を算出して解析したもので、すでに乗り物や家具などの設計にいかされており、医療やスポーツでの活用も期待されている。

きんこんかん

【キンコンカン】

筋トレ、コンディショニング、関節運動を組み合わせた言葉。キンコンカン健康法は、足腰を鍛えることを目的とし、高齢者に普及している。また、キンコンカン健康法のひとつであるキンコンカン体操は、振付師のパパイヤ鈴木氏が考案したもので、鈴木氏は公認インストラクターでもある。

きんさいぼう

【筋細胞】

筋肉を構成する細胞であり、「筋芽細胞」とも呼ばれる。また、骨格筋細胞は長く繊維状で多くの核を持ち、筋線維と呼ばれる。筋肉はこの筋線維が集まったもの。筋トレ後に、筋細胞は栄養を得ることで修復し、より太く、タフになる。これによって筋肉がつくられる。

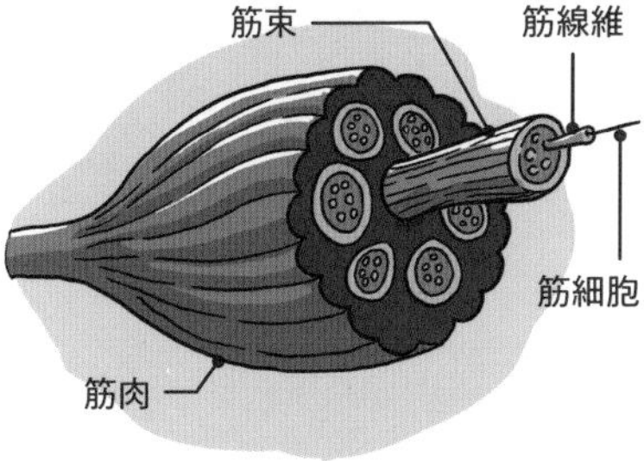

きんたんぱくしつ

【筋タンパク質】

筋肉を構成するタンパク質の総称。収縮に直接関与するアクチンやミオシン、筋収縮のカルシウム調整を行うトロポニンなどがある。これらを合成するためにアミノ酸が使われる。

きんでんず

【筋電図】

筋線維から発生する電気を記録する検査のこと。筋肉の炎症や筋力低下の原因が神経にあるのか、筋肉自体にあるのかを調べることができる。この筋電図は、アスリートの活動時の筋肉状態を可視化し、トレーニングの分析にも役立てられている。

きんとれぱーく

【筋トレパーク】

筋トレやストレッチを目的とした遊具を設置している公園。よくある設備は、ストレッチができる背もたれがカーブしたベンチ、プッシュアップバーなど。子どもが遊ぶ公園で筋トレをしていると浮いた存在に映るが、トレーニングを目的とした公園であれば、冷たい視線を感じることもない。

きんとれろす

【筋トレロス】

筋トレの効果が得られない状態に陥ること。「筋肉は裏切らない」という言葉もあるように、筋トレロスになるには必ずなんらかの原因がある。代表的な原因は、筋肉の修復への対処が不十分なこと。食事で摂るべき栄養素が不足したり、免疫機能が低下したりしていると、回復が遅延することで筋トレロスに陥りやすくなる。

きんにくあわー

【筋肉アワー】

NHKのテレビ番組。『みんなで筋肉体操』の指導者の谷本道哉氏が、その道を究めた人と1対1で向かい合い、筋肉に関することをただひたすら語り合う。筋肉を通じて、スポーツの神髄を知ることができ、スポーツの感動を身近に感じられる。

きんにくいらすとれーたーかまた

【筋肉イラストレーターかまた】

「筋肉イラスト製作所」の屋号で活動するイラストレーター。書籍『やるか、やるか 超ストレスをゼロにする方法』(KADOKAWA)などのイラストを担当するほか、『筋肉を描く！』(メイツ出版)では監修も担当。自身のプロフィールイラストは、マッチョな肉体にプロレスラーのような覆面姿だ。

©筋肉イラストレーターかまた

きんにくきょうせい

【筋肉矯正】

整体やカイロ、鍼灸、ボディエステなどで、かたくなった筋肉の負担を取り除くこと。メンテナンス目的で通っているボディビルダーやフィジーカー、また各スポーツのアスリートも少なくない。ケガの予防にも有効である。

きんにくこんとろーらー

【筋肉コントローラー】

漫画『ドラえもん』の秘密道具のひとつ。「受信機発射ガン」という道具で対象者に受信機をつけ、「筋肉コントローラー」でその人の身体の動きを操るもの。また、「からだねん土」という秘密道具もあり、身体にねん土をつけたのび太がムキムキになる一話もある。

きんにくしつ

【筋肉室】

フィットネスクラブやジム、自宅のトレーニングルームなど、その人が目的とする身体をつくるための部屋のこと。ほかの目的で使うなど、必ずしも筋トレ専用の部屋とは限らない。

きんにくすーつ

【筋肉スーツ】

コスプレに使われる。シリコン性のものは身体に密着し、離れた場所からだと、本物の肉体に見えるほどよくできている。肌に密着するため着脱が困難で、玄人はスーツの内側にベビパウダーをかけたり、オイルをぬったりして対策。これを着ないでも、自前の筋肉で勝負できる人がまぶしい。

きんにくじま

【筋肉島】

ジャンプコミックスで連載中の『偉大なる筋肉の島』(著者：成田成哲、発行：集英社)の通称。文明の機器が存在せず、鍛えあげられたマッチョな人間がひしめく筋肉島に、観測隊として派遣された主人公がマッスルサバイバルを繰り広げる内容。「無人島になにかひとつ持っていけるとしたら？」というよくある問いかけに「筋肉」と答えたくなる漫画である。

©成田成哲／集英社

きんにくしょうじょたい

【筋肉少女帯】

1988年にメジャーデビューした日本のロックバンド。1984年のインディーズデビュー前は「筋肉少年少女隊」だったらしい。デビュー当時、大人気だったアイドルグループの「少年隊」を意識して名づけられ、「筋肉」は言葉尻から採用されたもので、インパクトのあるバンド名を考えて思いついたものだと、ボーカルの大槻ケンヂ氏が音楽Webメディアのインタビューで語っている。

きんにくしょくどう

【筋肉食堂】

東京の六本木、渋谷、銀座などに店舗展開している高タンパク低カロリーグリルダイニング。トレーニーのほか、無理な食事制限をせずにダイエットしたい人、揚げ物や炭水化物は控えてお酒を楽しみたいという人の希望も叶える。弁当や惣菜のテイクアウトや、自宅に届ける「筋肉食堂DELI」も運営している。

きんにくしんししゅうだんおーるあうと

【筋肉紳士集団ALLOUT】

全国各地のイベントを盛り上げる、マッチョでインテリジェンスなパフォーマンス集団。株式会社スマイルアカデミーが運営する。体験型のショーである「マッスルカフェ」や、「筋肉盆踊り」「筋肉オーケストラ」「マッスルタクシー」などユニークな企画を展開。高齢者施設や保育園、お祭りなどへの筋肉訪問も行い、肉体をもって社会貢献を続けている。マッチョのフリー素材「マッスルプラス」や、代表のAKIHITO氏が主に配信しているYouTubeチャンネル「マッスルプラスplus」では筋肉で人を笑顔にするコンテンツを提供している。

きんにくぞうきょうざい

【筋肉増強剤】

筋肉を増強させるための薬剤のこと。アナボリックステロイドをさす。スポーツやボディビル、フィジークなどでは、アンチドーピングで禁止されている。サプリメントなど一般に購入できるものもあるが、副作用の可能性もある。

BACK LAT SPREAD

きんにくだいいどう

【筋肉大移動】

漫画（1980年初発表）・アニメ（1985年初放送）の『奇面組』シリーズの登場人物、一堂零の必殺技。全身の筋肉を一か所に移動させ、敵を玉砕する。例えば100m走で競う一話では、最後方の一堂零は全身の筋肉を下半身に移動させて大逆転した（『３年奇面組』第５巻）。

©新沢基栄／集英社

きんにくちくわ

【筋肉ちくわ®】

ちくわ、すり身、伊達巻専門の製造卸売店の有限会社矢野商店（1968年創業、香川県高松市）が販売する商品。筋肉マニアの管理栄養士監修のもとで開発したちくわは、スケトウダラの動物性タンパク質、インカインチプロテインの植物性タンパク質が入っており、1本あたり16.5gのタンパク質を摂取できる。日本の食文化が産んだ、これぞ新感覚のプロテインバーだ。

きんにくちゅうしゃ

【筋肉注射】

皮下脂肪の奥にある筋肉への注射のこと。馴染みのあるのが、感染病のワクチン接種だ。皮膚と筋肉の間にある皮下組織よりも筋肉には血管が多いため、薬剤の吸収がよく、即効性がある。

きんにくつう

【筋肉通】

筋肉の人体学としての知識、筋トレの方法、ボディメイクの知識のほか、筋肉にまつわるさまざまな情報を追い求めている人。「筋肉通」は必ずしもトレーニーとは限らない。本書の読者のことを指す。

きんにくはうらぎらない

【筋肉は裏切らない】

NHKのテレビ番組『みんなで筋肉体操』にて、指導者の谷本道哉氏が発する決め台詞。苦しい筋トレをするときに前向きにしてくれるパワーフレーズとなっている。なお『みんなで筋肉体操語録』（日経BP）には、同番組内で生まれた数々のパワーフレーズが収録されている。

きんにくばんぐみ

【筋肉番組】

筋肉にまつわるテレビ番組はいろいろあるが、それは健康番組だけではない。記録や順位を争うようなスポーツバラエティ番組も数々あり、その中には素人参加型のものもあった。また、“筋肉芸人”と呼ばれるタレントの登場で、トーク番組やドラマなど、筋肉をテーマにした番組は多様化している。

きんにくふぇち

【筋肉フェチ】

鍛えあげられた肉体そのもの、または、大胸筋や僧帽筋、上腕二頭筋といった筋肉の局部を好む人。フェティシズムは「身体の一部などに性的な魅力を感じる嗜好」ととらえられることが多いが、筋肉においては性的な魅力よりも芸術としての嗜好が勝っている。

きんにくぶとり

【筋肉太り】

筋肉の肥大化によって、太く見えること。不適切な筋トレで筋肉の一部だけが肥大化するなど、特にダイエット目的で陥ることがある。また、筋肉量が増えることで体重も増加する。ダイエット目的や細マッチョになるには、トレーニング内容が鍵を握る。

きんにくまつり

【筋肉祭】

2023年に開催されたSUMMER STYLE AWARD（P76）、J-CLASSIC、SUPER BODY CONTESTによる3団体がコラボしたボディメイクコンテスト。男性は4カテゴリー、女性は5カテゴリーでそれぞれの造形美が競い合われた。

きんにくまん

【キン肉マン】

1979年に『週刊少年ジャンプ』（集英社）で連載が始まり、アニメ化、映画化、ゲーム化、グッズ化などによって大ブームを起こした作品。続編、新シリーズなどで現在もブームは続いている。主人公の「キン肉スグル」のギャグ要素たっぷりな一面と、さまざまな個性派キャラとの真剣勝負で見せる戦う体とのギャップが魅力。ちなみに「キン肉」とカタカナ表記なのは、原作者のゆでたまご氏が同キャラクターを発案したのが小学生のときで、当時「筋」という漢字を知らなかったという創作秘話がある。

©ゆでたまご

きんにくわっしょい！
【筋肉わっしょい！】

高校野球の応援コールで昨今、定番になったフレーズ。「筋肉わっしょい！ 筋肉わっしょい！」と繰り返す。発祥は、国際武道大学野球部の応援団だといわれている。メガホンの代わりに、両手にダンベルを持って応援するチームもある。グランドの球児の白熱した戦いの中、スタンドも熱気に満ちあふれる。なお、かねてから「筋肉」のフレーズがつかない「わっしょい！」オンリーの応援コールは定番化されていた。

きんにくをそだててうる！
【筋肉を育てて売る！】

アプリゲームの名称。畑で筋肉を育てて売り、そこで得たお金でトレーニンググッズを買って筋肉を育てていくという斬新な育成ゲーム。

きんひだい
【筋肥大】

筋線維や筋形質が肥大し、筋肉の断面積が増加すること。筋線維の1本1本を肥大させていくことで生じる。筋線維はひとつの筋細胞（P57）が細長くなったもので、アクチンやミオシンといった筋タンパク質からできており、筋肥大は筋タンパク質の合成によってもたらされる。合成は、筋線維の収縮がスイッチとなって促進されていく。また、筋肥大させることを「バルクアップ」（P128）という。バルクアップするには、トレーニング内容だけでなく、食事や筋肉の休息の管理も重要になる。

きんまくりりーす
【筋膜リリース】

身体をローラーなどで転がすことで、かたくなった筋膜の滑走をよくして、正常な状態に戻すこと。全身の筋肉を包んでいる膜を「筋膜」といい、内臓や神経ともつながっている。筋膜が正常な状態に戻ることで、筋の収縮感覚が向上する。筋膜リリースは正しく行わないと、皮膚、筋肉、血管などを損傷させてしまうので、専門的知識があるとよい。

くえんさん
【クエン酸】

糖質のエネルギー代謝を高める作用があり、疲労回復にも働く。毎日摂取したい成分で、特に筋トレ前には摂取しておきたい。クエン酸の入ったサプリメントやプロテインも人気だ。食べ物ではレモンやグレープフルーツなどの柑橘類や、酢、梅干しなどに多く含まれている。

くぉーたーたーん

【クォーターターン】

ミスボディフィットネスで行われる動作。身体を90度ずつ一周させて肉体を見せる。フィットネス競技では、クォーターターンのリラックスポーズが規定ポーズとなる。

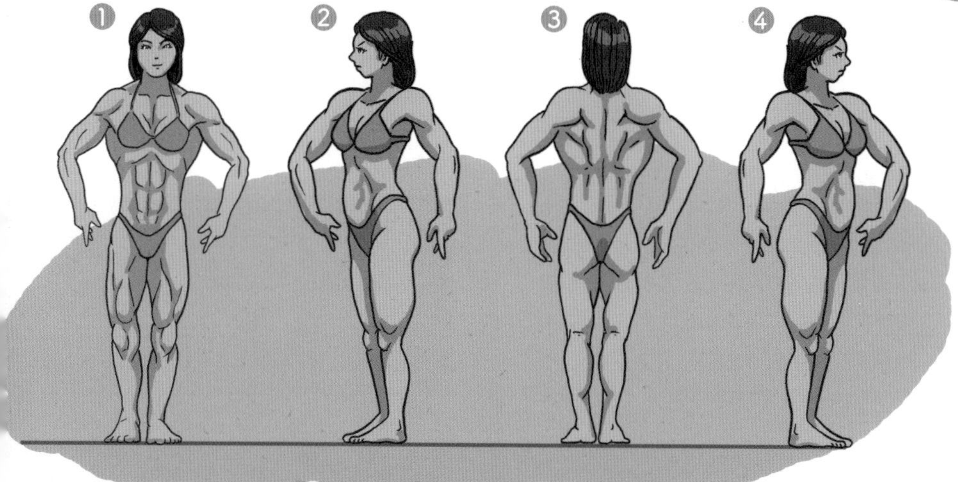

①
フロントスタンス

②
クォーターターン・ライト

③
クォーターターン・バック

④
クォーターターン・レフト

くつうはひつようけいひ

【苦痛は必要経費】

肉体改造には「苦痛」が伴うことの表現。投資というとお金をイメージするだろうが、筋トレはトレーニングとそれに伴う時間が投資内容だ。トレーニングは筋肉に負荷をかけるため当然苦しい。また減量をする場合は食事制限の苦痛が伴う。もちろんお金がいっさいかからないわけではないが、自己投資としてはお金以上のものが求められる。

くっきーがた

【クッキー型】

ボディビルダーのポージングを模したクッキーの型抜き。筋肉が部位ごとに区切られており、焼き上がるとこんがりした小麦色の肌になる。ココアやチョコを入れれば黒光りしたマッチョクッキーのできあがりだ。筋肉は区分けされていないが、全身シルエットのポージング型もある。プロテインを入れればトレーニーへのプレゼントにもなるかもしれない。

ぐっどもーにんぐ
【グッドモーニング】

バーベルを背中にかついだ状態で、お辞儀するように上半身を曲げる。背筋やハムストリングを鍛えられる。部下が上司に朝のあいさつをしている姿が、トレーニング名の由来だとされている。トレーニングの正しい姿勢は、頭を下げるのではなく、腰から前傾させる。頭を下げると十分な効果は得られない。

くぼたのぼる
【窪田登】

NSCAジャパン（P39）の初代理事長であり、元ボディビルダー。2017年に他界。1952年、日本ウエイトリフティング協会が開催したミスター日本コンテストにて優勝する。この大会が日本ボディビル協会（のちの日本ボディビル連盟）設立のきっかけとなる。2007年に発売された著書の『筋力トレーニング法100年史』（体育とスポーツ出版社）にて、筋トレの歴史を解説している。

くみたいそう
【組体操】

かつて学校の運動会での定番であり花形の種目だった競技で、大人数が肉体を駆使してさまざまな表現をする。「組み立て体操」ともいう。人がどんどん積み重なっていくピラミッドが最も代表的な演技。しかし、練習中や本番での事故が相次いで起こり、その安全性の懸念から競技そのものの存続が検討されている。現在、文部科学省が定める学習指導要領での取り扱いもない。運動会で行うこと自体を禁止している自治体もある。

くらやみふぃっとねす
【暗闇フィットネス】

日差しも照明もない真っ暗な空間でエクササイズすること。自分の世界に入りこむことで、トレーニング効果を高めるのが目的。昨今、大音量の音楽に、きらびやかな光の演出を加えた暗闇フィットネスも行われている。自分の周辺は真っ暗だが、遠方には演出された光がある、クラブのような空間だ。暗闇で行われるのは筋トレのほか、エアロバイク、キックボクシング、ヨガなどさまざま。

くりーんばるく
【クリーンバルク】

クリーンな食事（脂身の少ない肉や野菜、無加工の食品など）を摂取し、筋肥大を狙っていく方法。具体的には脂質（ファット）の摂取量を減らし、タンパク質と炭水化物（糖質）の摂取をメインにする。「ローファット・バルクアップ」と呼ばれることもある。身体づくりでは、「筋肉量を増やしながら

も無駄な体脂肪をつけない」といった目的を達成しやすくする。ただし、脂質は身体機能にさまざまな作用をもたらすので、完全カットは危険。

ぐれーと・こんぺてぃしょん

【グレート・コンペティション】

「近代ボディビルの父」と呼ばれているユージン・サンドウ（1867 ～ 1925年）が主催した世界初のボディビル大会。1901年にイギリスのロンドンで開催された。競技としてのボディビルの歴史はここから始まったと考えられる。

くろびかり

【黒光り】

ボディメイクコンテストに出場する競技者の肌の質感のこと。濃い色の肌のほうが筋肉のカットがより鮮明に見える。そのため、トレーニングと並行してタンニング（P101）をし、皮膚のコンディションも整えていく。黒漆塗りの漆器のように艶がある質感といえよう。ちなみに漫画、アニメ作品『ワンパンマン』の登場人物「超合金クロビカリ」は、黒光りした筋骨隆々の肉体を持つ。

けいぞくはぱわーなり

【継続はパワーなり】

座右の銘の定番「継続は力なり」を筋トレ用に変換した言葉。なかやまきんに君（P113）のギャグである「パワー！」はトレーニーだけでなく、一般にも普及している。筋トレを継続することで理想の身体に近づくだけでなく、さまざまなパワーが得られる。

げすとぽーず

【ゲストポーズ】

ボディメイクコンテストで、招待された国内外のゲストが行うポーズのこと。活躍しているトップビルダーやフィジーカーだけでなく、引退した選手がステージでポージングのパフォーマンスをすることがある。地方の大会では、トップレベルの選手を間近で見る機会が少ないため、会場がどよめく。近年は海外からゲストを招くことは減っているようだ。なお、ゲストとして招かれた人を「ゲストポーザー」と呼ぶこともある。

げっかんねくすと

【月刊ネクスト】

フィットネスの最新トレンドがわかるインストラクター・トレーナーのキャリアマガジン。2006年創刊。発行する株式会社クラブビジネスジャパンは、フィットネス業界唯一の経営情報誌『Fitness Business』や求人サービス『Fitness Job』なども運営している。

げっかんぼでぃびるでぃんぐ

【月刊ボディビルディング】

1968年創刊のボディビル専門誌。ボディビルダーやトレーニーの間では「月ボ」という愛称で親しまれている。ボディビルコンテストの取材記事のほか、最新のトレーニング方法の解説も高く支持されている。表紙にはその時をときめくボディビルダーの写真が掲載されており、ボディビルファンは、バックナンバーも手に入れたくなるだろう。

FRONT DOUBLE BICEPS

けっとうちすぱいく

【血糖値スパイク】

血糖値が急激に上昇したり下降したりすること。血糖値スパイクで血管が損傷し、身体の機能障害をもたらす。予防するには食後の運動によって血糖値の急上昇を抑えるのが効果的。筋トレもそのひとつで、糖質が運動エネルギーとして消費されるからだ。

けつわれ

【ケツワレ】

陸上の中距離などで走り終わってからお尻から下の筋肉にまったく力が入らなくなる現象のこと。酸素や栄養不足が原因の筋肉疲労の一種で、400mなど比較的時間を要する距離の無酸素運動の種目で生じやすい。ケツ（お尻）はもともと割れているが、ケツワレはケツがいくつにも割れたような苦痛を伴うことが語源だといわれている。

けとるべる

【ケトルベル】

やかんのような形のダンベル。取っ手がついているので持ちやすく、遠心力を働かせてのトレーニングを行うことができる。両手でケトルベルを持ち、前方に振り上げる「スイング」が基本的なトレーニング。大臀筋やハムストリングを中心に、全身の筋肉が鍛えられる。

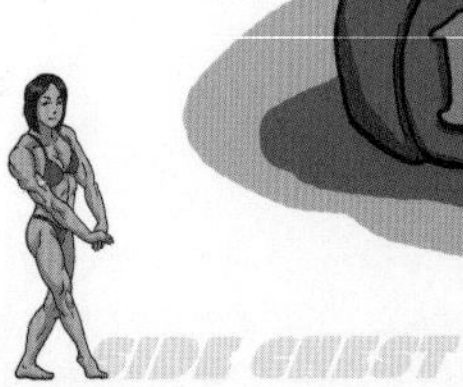

けんおん

【検温】

流行り病への対策としてフィットネスクラブやジムには、非接触体温計が導入され、検温してからの入場がルールとなっている。そのためトレーニーは、体重や脂肪率、筋肉量よりも体温のほうを把握するようになった。ちなみに筋トレで基礎代謝量が多くなると、平熱も高くなる傾向がある。トレーニング後は体温が高まり、発汗によって過熱を防ごうとしている。そこで身体を冷やし、体調をくずしてしまうことがある。トレーニング後の汗の対処も健康維持に重要だ。

げんかい

【限界】

人体に搭載できる筋肉量には限界があるとされるが、遺伝的なものによるため限界値は人によって異なる。しかし、限界を迎えた肉体はそれ以上発達しないかというとそうではなく、筋密度を高め形状を変化させたり、脂肪を落としたりし、いわゆるメリハリをつけていくことができる。ただし、自身の筋肉量の本当の限界を知ることができるのは、トップ競技者のレベルに達したときだろう。

げんきじむ

【元氣ジム】

スポーツクラブを運営する株式会社ルネサンスが展開する、リハビリ特化型デイサービス事業。運動とリハビリの専門家による機能訓練とグループエクササイズ、最新マシンを取り揃えたフィットネス感覚のリハビリ特化型デイサービスを行っている。フレイルやサルコペニア予防としても重要な役割を持つ。

げんきですかー

【元気ですかー】

プロレスのレジェンドであるアントニオ猪木氏（2022年他界）が行っていた試合後のマイクパフォーマンスでの定番フレーズ。この一句で元気があろうとなかろうと、すべてを元気にしてくれた。「元気があればなんでもできる」というあと台詞も金言だ。また、「限界なんてない」という言葉もトレーニーの心に響く名言のひとつである。

筋肉医学

健康増進法

国を挙げて筋トレを推奨しているといえる今日。その表れのひとつが、健康増進法（2003年施行）だ。これは「健康日本21（二十一世紀における国民健康づくり運動）」を中核とした国民の健康づくり・疾病予防をさらに積極的に推進するために、医療制度改革の一環としてつくられた法律。トレーニングジムや運動フロア、プールなどの設備があり、運動増進のための有酸素運動を安全かつ適切に行うことのできる施設を運動型健康増進施設という。筋トレの普及もこの法律の一端を担う。

こあ

【コア】

人体では体幹をさす場合が多い。腹部から臀部にかけてあるインナーマッスルやインナーユニットをさす。コア「core」は「中心」とか「芯」という意味である。体幹のバランスを整えることを「コアトレーニング」とも呼び、あらゆるスポーツで重要視されている。

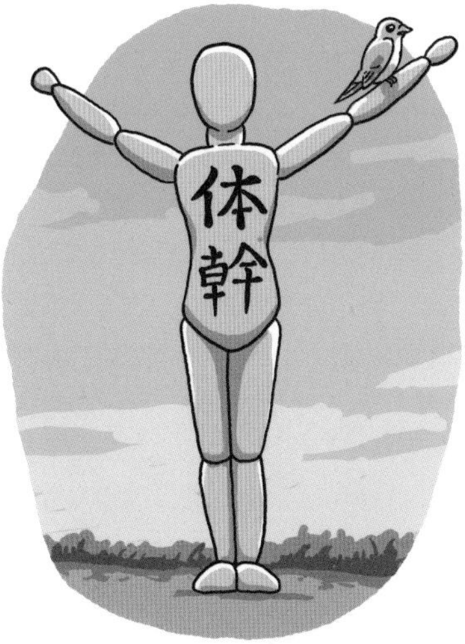

こうえいじむ

【公営ジム】

地方公共団体が運営する公共のスポーツジム。一般にトレーニング機器の充実度は低いが、低額で利用できるのがメリットだ。パーソナルトレーナーが常駐しているジムもある。スポーツ施設の一部にジムがあるところも多く、筋トレと水泳といった組み合わせができる点もうれしい。フィットネス事業を営む企業やスポーツメーカーなど、民間企業と連携しているところもある。

こうかんしんけいと ふくこうかんしんけい

【交感神経と副交感神経】

内臓の働きや代謝、体温などの機能をコントロールする自律神経は、交感神経と副交感神経で構成され、互いに相反する役割を持っている。交感神経は身体を活動モードにし、心拍数を増やして血圧を上昇させ、エネルギー消費を促す。筋トレなど運動時は交感神経が優位になっている。一方、副交感神経は身体を休息モードにし、心拍数を減らして血圧を下げ、エネルギー代謝を抑制する。副交感神経が優位になることでスムーズに入眠することができ、筋肉の修復と合成を促す。朝は交感神経のスイッチが入ったところから高まり、午後から徐々に副交感神経が優位になっていくような曲線が、一般的に"自律神経のバランスが整っている"ということになる。筋トレによって精神が安定するのは、自律神経のバランスが整うことも関係している。

こうけつ

【硬結】

筋肉のある一箇所がかたくなること。いわゆるコリといわれるもの。血液とリンパ液の循環不良で疲労が蓄積し、筋内部が持続的に収縮した部分である。痛みを緩和したり、筋肉を正常に戻したりするには、筋肉をリラックスさせるための働きかけが求められる。硬結は伸ばすだけでは消せないため、局所的なアプローチが必要だ。筋肉を鍛えることで肩こりや腰の張りなどは解消されるが、正しく行わなければ悪化させるはめになる。

こうたんぱくていかろりー

【高タンパク低カロリー】

ダイエットの食生活における定番のキャッチコピー。近年では、コンビニなどで購入できる食品のパッケージにもタンパク質やカロリーの数値が記載されており、健康や栄養素への意識が高くなったといえる。ボディビルダーなどボディメイクコンテストに出場する競技者は、大会が近づいてくると食事の回数を増やす。筋肉を合成するためには、血中アミノ酸濃度を一定に保つ必要があり、そのためにこまめにカロリーを摂取するのだ。

こきゅうきん

【呼吸筋】

横隔膜と肋骨の間にある肋間筋をはじめとした、呼吸に関わる筋肉の総称。これらの筋肉を鍛える方法は、呼吸すること。鼻から大きく息を吸っておなかに空気を送ることで呼吸筋が動き、胸郭が広がる。これによってたくさんの空気を取りこめ、ゆっくり長く吐くことでさらにたくさんの酸素を吸えるという好循環が生まれる。

こくさい ぼでぃびるでぃんぐ・ ふぃっとねすれんめい

【国際ボディビルディング・フィットネス連盟／IFBB】

International Federation of BodyBuilding and Fitnessの頭文字を組み合わせた「IFBB（アイエフビービー）」が通称。世界規模の団体として最も歴史のある団体。世界最高峰のボディビルコンテストであるミスターオリンピアやミズオリンピアを運営している。日本ではFitness World Japan（FWJ）

がIFBBと契約をしており、FWJ主催の大会で規定の結果を残すことで、IFBBのプロ選手資格の権利を得られる。

こすぷれ
【コスプレ】

筋肉をテーマにしたコスプレは、ふたつに分類できる。ひとつは、体を鍛えた者がその肉体をいかして漫画やアニメのキャラクターに扮すること。真冬でも肌を露出し、「筋肉系コスプレイヤー」とも呼ばれる。もうひとつは、身体を鍛えていない者が筋肉コスチュームなどを身につけてマッチョに扮すること。こちらは筋肉系コスプレイヤーとは違って、厚着ができるので冬でも温かいが、夏場は体が蒸れる。

こそとれ
【こそトレ】

こっそりトレーニングをすること。「なぜこっそりする必要があるのか」というと、多くは仕事中に行われるからだ。ガチトレーニーは、トレーニング時間の確保を重要視する。事情があってジムに通えないときなどは、周囲の視線を避けつつ自重トレーニングを行う。また、漫画『筋欲の彼女』（小学館）では、仕事でジムに行く時間が取れない主人公が、オフィスで、会議室で、出張先で、周囲にばれないようにこっそり筋トレを決行し、筋肉を育てる様子が描かれている。

こだいえじぷと
【古代エジプト】

紀元前約2500年に、エジプトではすでに筋力を高めるトレーニングが行われていたといわれる。壁画や石板に石を持ち上げたり、物を投げたりする人間の姿が描かれているからだ。その当時、肉体を使った競技大会のようなものがあり、そのためのトレーニングだったという説がある。なお、ピラミッドがどのようにしてつくられたかはいまだに不明だが、巨大な石を運び、積み上げる労力を考えると、そこで作業していた人々はそれ相応の肉体だったと推測できる。

こっかくきん
【骨格筋】
骨と骨とを結びつけて運動に関わっている筋肉の総称。自分の意思で動かすことができることから、「随意筋」とも呼ばれる。筋トレでターゲットにするのはこの骨格筋だ。基礎代謝量全体の約22%を骨格筋が占めている。

こっかくきんひょうろんか
【骨格筋評論家】
岡田隆（P42）の肩書のひとつ。筋肉は横紋筋と内臓や血管に存在する平滑筋に大別される。横紋筋は骨格筋と心筋に分類される。平滑筋と心筋は自分の意思では動かせないため、一般的には筋トレの対象外。つまり、骨格筋評論家は筋トレのターゲットとなる筋肉を批評し論じる専門者となる。

こっかくしんだん
【骨格診断】
持って生まれた身体の質感やラインの特徴を知ることで、自分自身の体型を最もきれいに見せるデザインと素材を知ることができるもの。ストレートタイプ、ウェーブタイプ、ナチュラルタイプがある。タイプを診断したうえで、タイプに合ったトレーニング内容や方法を提案するジムもある。

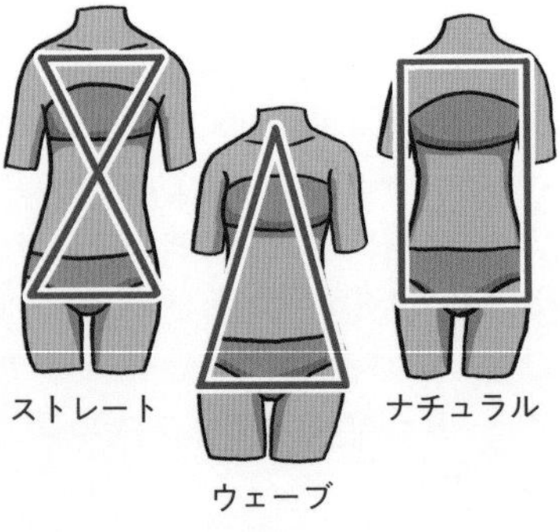

ごっくんきん
【ごっくん筋】
アゴの下やのど周辺にある筋肉の総称で、食べ物や飲み物を飲みこむ際に使われる筋肉。ごっくん筋の働きが低下するとうまく飲みこめず、食べ物や唾液が気管に入りこむ誤嚥が起きやすくなる。なお、かむ力は咀嚼筋という筋肉が関係しており、小さくかみくだくことで、ごっくんしやすくなる。

こまばたかし
【駒場孝】
お笑いコンビ「ミルクボーイ」のひとり。2019年に漫才頂上決戦「M-1グランプリ」で名を轟かせた。実はボディビル界ではそれ以前から知られる存在。2018年に大阪市オープン・クラシックボディビル選手権優勝という実績がある。現在はコンテストには出場できていないものの、漫才を中心に活躍しながらトレーニングは継続して行っている。

こまんどー
【コマンドー】

1985年に公開（日本では1986年）されたアーノルド・シュワルツェネッガー主演の映画。主演作の中でも規格外の肉体が際立った一作ともいわれる。ひとりで多数の武器を持ち、特にロケットランチャーという兵器は人体では扱えないレベルのサイズ。日本の吹き替え映画（テレビ朝日版）は「筋肉モリモリマッチョマンの変態だ（原文: He's one gigantic motherfucker）」といった独特なセリフ回しで、お茶の間の視線をその肉体に釘づけにさせた。アーノルドの肉体を誇張した表現は、視聴者に自然に受け入れられた。それは、1984年公開『ターミネーター』で、主演のアーノルドが未来から来た裸体のシーンの影響もある。視聴者の「なぜ裸なのか？」という疑問に対し、アーノルドの肉体が答えたシーンといえよう。それは見る価値があるからだ。

ごみはられい

【五味原領】

JBBF初代クラシックフィジーク王者（2021年）。2023年にもクラシックフィジークで王者となり、日本代表選手として派遣されたIFBB世界選手権では準優勝を飾る。その後、優勝者のドーピング陽性によって繰り上げ優勝となった。その肉体は「圧倒的に美しい」「歩くギリシャ彫刻」と称される。

ごみひろいまっちょ

【ゴミ拾いマッチョ】

2023年11月1日の早朝、渋谷に約50人のマッチョが集結した。目的は前日のハロウィンで街に捨てられたゴミを拾うこと。企画したのはフィットネスブランド「VALX（バルクス）」を展開する株式会社レバレッジ。参加者のほとんどは職場への出勤前で、タンクトップで黙々とゴミ拾いする姿は、街ゆく人の心を熱く突き動かした。なお、この取り組みは以前から行われており、ハロウィンだけでなく、お花見や花火大会といったイベントのあとの恒例行事となっている。

ごむまり

【ゴムまり】

筋肉の比喩表現として使われ、弾力性があるが芯はかたい筋肉をさす。アスリートが求める筋肉であり、これを手に入れるにはやはりトレーニング。激しい運動をして損傷した筋線維を修復し、合成されることでやわらかくなる。

こむらがえり

ふくらはぎの筋肉が異常に収縮して、けいれんを起こした状態。太ももや足の裏で起こることもある。原因は筋肉疲労と栄養不足。水分補給が不十分なことも関係している。日ごろ筋肉を十分に使っていない人が、急に筋肉を使うと起こるケースが多い。なお、「こむら」はふくらはぎのことで、「こぶら」と呼ぶ地域もある。

こめだわら

【米俵】

大相撲の優勝力士は副賞の米俵を軽々持ち上げているが、重さは約60kgもある。米俵を持ち上げるのは筋力があることの象徴で、長野県飯島町の「米俵マラソン」や、熊本県玉名市の「米俵積出決定戦」など、日本各地で力自慢を競い合うイベントが行われている。

こらーげん
【コラーゲン】

体内のタンパク質の約30%を占め、いくつかの種類に分かれる。効能は、肌に弾力と潤いを与える、丈夫な骨を形成し、関節の動きをよくするほか、筋肉や腱をつくる働きもある。骨と筋肉をつなぐ主要生物であり、損傷した筋組織が回復するときにコラーゲンの合成が活発になる。その際にコラーゲンを補給すれば、丈夫で壊れにくい筋組織が形成されるのだ。筋肉と美肌の両方が求められるボディメイクでも必須の成分である。

ごりごり
【ゴリゴリ】

鍛え上げられた肉体の表現。「ゴリマッチョ」など変形させた使われ方もある。「ゴリ」は「ゴリラ」のことで、そのたくましい肉体を比喩したもの。メジャーリーガー・大谷翔平選手の奥さんである田中真美子氏は、かつて好きな男性のタイプを「ゴリマッチョ」と表現していた。ちなみにゴリラは一般的に植物食で、体内にある微生物が植物をアミノ酸に変化させて筋肉量を増やしている。

こわーきんぐすぺーす
【コワーキングスペース】

さまざまな職業の人が同じ空間と設備を利用して仕事をする空間のこと。働き方改革によって職場も多様化しており、利用者が増えている。このコワーキングスペースを設置しているフィットネスクラブやジムも出てきており、仕事とトレーニングの両立がしやすくなっている。

こんごうりきし
【金剛力士】

仏像界一の腹筋を持つとも称される。お寺の門の左右に阿形（あぎょう）と吽形（うんぎょう）の一対で安置されていることもあり、その場合は「仁王」とも呼ばれる。主に鎌倉時代につくられているが、この時代にマッチョなモデルがいたのかは定かではない。

こんじょう
【根性】

「物事を最後までやりぬく精神」という意味で、あらゆる業界に「根性論」があり、いずれも賛否両論。筋トレを例にすると、根性論を押し通すことでオーバーワークになったり、コンディションをくずしたりする可能性もある。「適正なトレーニングプログラムを設定してこなす」→「達成感が得られる」→「十分な休息をとる」→「自律神経のバランスがよくなる」→「モチベーションが高まる」→「充実したトレーニングを継続できる」というサイクルがあれば、筋トレにおいては根性について論じる必要がなくなるかもしれない。

こんせんとりっく しゅうしゅく

【コンセントリック収縮】

筋肉の収縮様式のひとつ。「求心性収縮」「短縮性収縮」とも呼ばれ、筋肉が短縮しながら力を発揮する収縮。「エキセントリック収縮」(P39)」に対して筋肉痛になりにくい。

こんちゅうしょく

【昆虫食】

将来的な食糧危機を受けて2013年、国際連合食糧農業機関（FAO）が昆虫類の食用としての活用を推奨するような報告書を出した。まもなくして世界中で昆虫食が身近な存在となる。昆虫のタンパク質は、アミノ酸組成が動物性のタンパク質源と同様に筋タンパク質合成を刺激する可能性があることが示唆されている。

こんでぃしょにんぐ

【コンディショニング】

スポーツにおいて、厚生労働省は「運動競技において最高の能力を発揮できるように精神面・肉体面・健康面などから状態を整えること」と定義している。また、ストレングス＆コンディショニングの教育団体であるNSCAジャパン（P39）では、「一般の人々にとっては、快適な日常生活を送るために、筋力や柔軟性、全身持久力をはじめとする種々の体力要素を総合的に調整すること」と定義されている。

こんとらくとしゅもく

【コントラクト種目】

「POF法（Positions Of Flexion）」というトレーニング方法に含まれる種目のひとつ。筋肉が収縮した状態で筋肉に最も負荷をかける種目。ターゲットの筋肉への血流を促し、刺激を与えることができ、筋肉がパンプアップしやすい。トレーニングメニューの最後に持ってくることが多い。なおPOF法は、ミッドレンジ種目、ストレッチ種目（P90）、コントラクト種目の３種類に分類される。

こんぷれっくす

【コンプレックス】

複数の種目を組み合わせた筋トレメニューのこと。コンプレックストレーニングやコンプレックス法ともいう。精神医学用語の「コンプレックス」は、ある感情を中心に結びついた記憶や思考のまとまりのことをさすネガティブなものだが、筋トレでは同時に複数の筋肉を鍛えられるというポジティブを得られる。

こんぷれっしょんたいつ

【コンプレッションタイツ】

身体に適度な圧力をかけ、運動時に筋肉のブレを防ぐ機能性を持ったタイツ。スポーツのほか、登山などのアウトドアシーンでも活躍する。バスケットボールでは「パワータイツ」ともいう。また、上半身用もあり、タイツも含めて「コンプレッションウエア」と呼ばれる。その機能性の高さから日常でも着用している人がいる。ちなみにサポートタイツは、テーピングのように体を補助する役割があるものをさす。

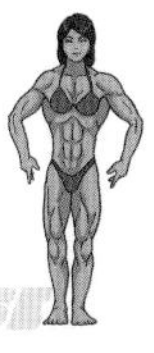

さ

さーきっととれーにんぐ

【サーキットトレーニング】

数種類のトレーニング種目を、セット間の休息をほとんど挟まず連続で行う方法。筋トレとランニングなどを交互に繰り返すこともある。脂肪燃焼、心肺機能のアップを短時間で効率よく行える。時間設定を変えたり、セット数を増減したりすることでさまざまなバリエーションをプログラムすることができる。

ざいこぎれ

【在庫切れ】

トレーニーにとってプロテインをはじめとする栄養補助食品の枯渇は死活問題。人気商品は在庫切れや一時的に販売停止になることがある。まとめ買い、買いだめをする人も少なくない。ボディメイクコンテスト会場の近隣のコンビニでは、サラダチキンが一時的に在庫切れになることがある。

さいせいかのうえねるぎー

【再生可能エネルギー】

太陽や風力、地熱といった地球に存在しているエネルギーのこと。人体にとっては筋肉がこれと似た性格を持つ。筋線維を損傷させて、修復させることで増殖させるのが筋肉量アップのメカニズム。これを「筋再生」とも呼ぶ。人体の中には一度失われると二度と再生しない細胞もあるが、筋細胞は筋トレと休息によって人体にあり続ける。

さいだいきんりょく

【最大筋力】

筋肉が1回の収縮で発揮する最大の力。1回持ち上げることのできる最大重量によって筋力は測られる。握力、背筋力の計測値を最大筋力と表すこともある。アスリートが高いパフォーマンスを実現するには、最大筋力を発揮できるかも重要なポイントだ。なお、「パワー」とは別の意味である。

さうなー

【サウナー】

定期的にサウナに通う人。サウナブームは筋トレブームと時を同じくして2010年代後半に起きた。筋トレとサウナは密接な関係にあり、筋トレ後にサウナを利用するトレーニーは少なくない。サウナには疲労回復の効果があるからだ。そのためフィットネスクラブやトレーニングジムにサウナを併設しているところも多い。筋トレ後のサウナをより楽しみたい人は、『サウナ語辞典』（誠文堂新光社）も確認しよう。

ささみ

【ささみ】

高タンパク低カロリーでダイエットをする人やトレーニーの定番食材。ただ、トレーニーにとっては、ささみ以外にもプラスの食材が必要。ささみには糖質、脂質、ビタミンB_1、B_2の含有量が少ないため、栄養バランスがかたよる。これらの栄養成分を含む食材を組み合わせることで筋肉が求める最高の食事になる。ちなみにささみは、むね肉の一部分。

さつえいかい

【撮影会】

マッチョモデルをファンが撮影するイベント。撮影場所はスタジオや屋外などさまざま。モデルに対して大人数のカメラマンが集うこともあれば、1対1での撮影会もある。なお撮影会それぞれに禁止事項があるので、注意が必要だ。ボディメイクコンテストに出場するトップ選手の撮影会が催されることもある。

さっぽろどーむ

【札幌ドーム】

Jリーグの北海道コンサドーレ札幌のホームスタジアム。2022年まではプロ野球の北海道日本ハムファイターズのホームスタジアムでもあった。ここに一般客が1回500円で無制限にトレーニングができるトレーニングルームがある。スポーツ施設に併設されているジムはほかにもあるが、入会金なしで利用できるのはめずらしい。イベントやスポーツ観戦の前後にひと汗流す人も多い。

さぷり

【サプリ】

健康の維持や増進に役立つ成分を濃縮し、錠剤やカプセル状にしたもの。正式名は「サプリメント」。推奨量が必ずあるが、それを守らずに摂取してしまう人もいる。また、サプリには摂取したい栄養素以外のものが入っていることも多く、複数種を摂取している場合、栄養バランスをくずしかねない。あくまでも栄養補助食品であることを理解しておこう。

さぼりきん

【サボり筋】

動作や姿勢のクセ、加齢などの影響から動きづらくなった、または働かなくなった筋肉のこと。筋トレをしても目的の肉体に近づかないのは、サボり筋を刺激できていないことも原因だ。ちなみに「サボる」とは俗語で、フランス語の「サボタージュ(sabotage)」に由来し、仕事や勉強を怠ける意味合いで使われる。

さまー・すたいる・あわーど
【SUMMER STYLE AWARD】

夏が一番似合う男性と女性を決める大会。「SSA」と表記され、「サマスタ」とも呼ばれる。創設者は金子賢氏（P51）。“健康的でたくましく、スタイルがよく、かっこよさを追求する”大会で、大会内でのカテゴリー数が多く、より自分に合ったカテゴリーを選んでエントリーできる。

さむしゅつげん
【サム出現】

「サム」は遊技機『海物語』シリーズの男性キャラ。筋肉質な身体に紫色のビキニパンツを身にまとっており、巨大な岩を持ち上げたり、マッチョなポージングをキメたり、自慢の筋肉を活かした演出が豊富。出現すると確変大当たりなどうれしい展開が濃厚となり、とにかくサムを見るだけで興奮度が最高潮になる。

さんかくきん
【三角筋】

肩を覆っている筋肉。外見は丸い形状だが、実際に筋肉を広げると三角形になることが名称の由来とされる。逆三角形の体型では三角筋が三角形の左右の角に位置する。ボディラインをきれいに見せるキーマッスルであり、上肢で最も体積が大きい。また、肩関節をさまざまな方向へ動かすうえで重要な役割を担う。

さんげんりとごげんそく
【3原理と5原則】

筋トレを効果的に行うための原理と原則のこと。筋肉の刺激には一定の負荷が必要であることを指す「過負荷の原理」、目的に合ったトレーニング内容にする「特異性の原理」、トレーニングを中止するともとの状態に戻ってしまう「可逆性の原理」を3原理という。「全面性の原則（全身を鍛える）」「漸進性過負荷の原則」「反復性の原則（継続してこそ効果を得られる）」「個別性の原則（個々に合ったトレーニングがある）」「意識性の原則（トレーニング部位を意識して行う）」というのが5原則。原理、原則を把握して筋トレすることで、より効果が高まり、効率化にもつながる。

さんたくろーす まっちょせつ
【サンタクロースマッチョ説】

子どもたちが思い描くふくよかな体のサンタ像を否定するもの。大量のプレゼントを持って、煙突によじ登り、物音を立てず

に子どもに届ける。しかも多数の子どもに短時間で届けるという激務をこなすには、鍛え上げられた肉体と精神力を要するはず。この説は漫画『マッチョグルメ』の作者である成田成哲氏が提唱しているもので、SNSなどで漫画仕立てにして公開している。グランドピアノを運ぶマッチョサンタも描かれているが、筋力ではなく、どうやって気づかれずに届けるかという別の問題が発生しているところがおもしろい。

さんどいっち
【サンドイッチ】
トレーニング前後の食事に最適な食べ物のひとつ。食べやすさに加えて具材の選択肢が広いのも魅力で、具材の選び方次第では筋肉に必要な栄養素をすべて取りこめる。東京都文京区にある「サンドイッチハウスジョーカー」は、パーソナルトレーニングジムMATADORSに併設されており、のれんには「筋トレとサンドイッチ !!!」というキャッチコピー。“筋肉スマイル”は無料というサービスもユニークだ。メニューのイチオシは「ベジタブルサンド」で、お店で焼き上げた手づくりのシリアル食パンでサンドした、健康的なヘルシーフードだ。

さんびょう、さんじゅっぷん、みっか、さんねん
【3秒、30分、3日、3年】
筋トレにまつわる数字には「3」が多い。西九州大学リハビリテーション学部の研究グループが「筋トレは1日3秒でも週3日以上のペースで行うと効果がある」という報告をした。「3秒腹筋」「3分腹筋」を提唱するトレーニングもあり、また、脂肪燃焼は1回8分以上の継続した運動で1日の合計が30分以上から開始されるといわれている。長続きしない様を「三日坊主」、成熟するには時間を要することを「桃栗三年」とも表現するように、3にはとても深い意味がある。

さんぷれい
【サンプレイ】
日本ボディビル界のレジェンド、宮畑豊氏が立ち上げた創業40年を超える老舗ジム。正式名は「トレーニングセンター　サンプレイ」。ジムに掲げられたスローガンは「より逞しく！ より美しく！ より健康に！」。2023年に宮畑氏は他界されたが、その精神は生き続けている。“より”という副詞に継続の意義や未来を感じずにはいられない。

しあげる
【仕上げる】
ボディメイクコンテストの競技者が、本番に合わせて肉体を完成させること。トレーニングだけでなく、食事コントロールも行って体脂肪を削ぎ落とした状態が到達点。また、完成された体重のことを「仕上がり体重」と呼ぶ。

しあつ
【指圧】
筋肉のこりや張りをやわらげ、筋トレ後の疲労緩和にも有効な対処法。東洋医学では「気」「血」の流れをよくして不調を改善する療法とされる。しかし、指圧が強すぎると、損傷した筋肉をさらに傷めてしまう。筋トレ後は入念なストレッチでクールダウンすることが賢明だ。

しいらふぇいす
【シイラフェイス】

2022年の九州・沖縄クラス別ボディビル選手権（九州ボディビル・フィットネス連盟主催）にて宮崎県延岡市職員のボディビルダー・市来幸司氏の上腕二頭筋を表現したかけ声。市来氏は同大会で見事に優勝している。なおスズキ目に属するシイラは、盛り上がった頭と巨体（2m超の個体もいる）、さらに活発に動くことが特徴で、釣りでは激しいバトルが楽しめることから釣り師の人気魚種でもある。

じえいたい ぷれみあむぼでぃ
【自衛隊プレミアムボディ】

「JPB」とも表記される、自衛隊員肉体美No.1を決定する大会。自衛隊員の筋トレに対するモチベーションの向上と、普段から鍛え上げられた自衛隊員の『肉体』を国民が体感する場の提供を目的としている。2017年、2018年は「自衛隊ベストボディ」という大会名で行われており、2019年に同大会名となった。開催日時と場所はその年によって変わる。

しぇいぷあっぷ
【シェイプアップ】

減量や体形を整えること。ダイエットでは減量への意識から、体形を整えるほうへ移行されつつある。これは筋肉量を増やすことで基礎代謝量が多くなり、太りにくい体質になることが周知されたからだろう。「やせる＝減量」または「やせる＝細くなる」というイメージに対して、「シェイプアップ＝引き締まった体になる」と差別化される。その内訳に減量があるといえる。

しおぬき
【塩抜き】

皮下水分が抜けたドライ（P110）感を出すために、ボディメイクコンテスト当日に合わせて塩分を抜くこと。塩分は身体をむくませる要因になるため、筋肉の筋をはっきり見せるには、体内の水分量を減らす必要がある。ただし、塩分は身体の組織や機能に必要なため、塩抜きのやり方に注意しなければならない。昨今、極端な塩抜きはせずに大会前日や当日のひと絞りのために行う人が多いようだ。また、同様に水抜き（P157）も行う。

しげき
【刺激】

筋肥大を目指す際、筋肉に与えるべき刺激は「物理的刺激」と「化学的刺激」に分けられる。物理的刺激は、高重量など重い物を持ち上げるなどで筋肉に大きな力をかける刺激。化学的刺激は、多くの挙上回数によって筋肉中に代謝物質が放出され蓄積されていく刺激。この2つの刺激によって筋肉は発達する。

しこ
【四股】

大相撲での力士の所作やトレーニング種目のこと。左右片方ずつの足で地面を踏みしめる動作が体幹を鍛えるとして、エクササイズとしても取り入れられている。単純な動作ではあるが、回数を増やすと大きな負荷を感じる。なお、四股は地中の邪気を祓い大地を鎮める神事の意味合いがある。

じここうていかん
【自己肯定感】

苦しいトレーニングをこなした達成感や、見た目の変化によって自信を持てるようになる。また、筋トレは神経伝達物質のセロトニンを分泌することから精神の安定ももたらす。自己肯定感が高まることがモチベーションになり、トレーニングがより効率的なものとなる。

ししつ
【脂質】

三大栄養素のひとつであり、炭水化物と同じく体内でエネルギー源となる栄養素。細胞膜やホルモンの構成成分として重要な栄養素である。ただし、過剰摂取は体脂肪率を高め、筋肉のカットを出にくくさせてしまう。摂取量の管理とともに良質な脂質を摂取することも重要で、代表的な良質脂質はDHA・EPAなどの「オメガ3系脂肪酸」や、MCTオイルなどの「中鎖脂肪酸」である。なお、脂質を「fat（ファット）」と英字表記されることもある。

じじゅうとれ
【自重トレ】

自分の体重を負荷にして行うトレーニングのこと。代表的な種目は、プッシュアップやクランチ、レッグレイズなど。特別な道具を用意したり、ジムに通ったりする必要がないため、気軽に筋トレを始められるのがメリットだ。ただし、ジムでマシンを使った場合と同等の負荷をかけるには、回数や時間を要するというデメリットもある。ジムでのマシントレーニングと、自宅での自重トレーニングを組み合わせるトレーニーも多い。

したたらず
【舌足らず】

滑舌が悪いこと。舌を上アゴにつけられない人が増えている。すると「あ」と発音したつもりが「え」と発音されてしまう。舌は筋肉でできた組織のためトレーニングで解消できる。「あー」と口を大きく開き、「いー」と口を横に大きく広げ、「うー」と口を強く前に突き出し、「べー」と舌を突き出す、「あいうべ体操」が代表的なトレーニングである。

したむきちくび

【下向き乳首】

男性に限った乳首の特性。胸板がある程度厚くなるとTシャツなどで乳首が浮き出やすくなる。ところがさらに大胸筋を鍛えると筋肉の盛り上がりによって、乳首が下側に位置する。乳首の位置には個人差があるので一概にはいえない。

しっくすぱっく

【シックスパック】

腹直筋が6つに割れた状態。「6パック」と表記されることが多い。筋肉を盛り上げ、脂肪を削り落とすことによってつくり出される。実は4つに割れた4パックや8パック、10パックの持ち主も存在する。これは遺伝による体質によるもの。4パックで有名なのがアーノルド・シュワルツェネッガー（P24）だ。

していたいけつ

【師弟対決】

ボディメイクコンテストは、ほかの競技よりも比較的選手寿命が長い。そのためトレーナーとトレーニー、先輩と後輩のように「師匠と弟子」が同じステージに立つことも多くみられる。同じ場所と時間でトレーニングに励む者がライバル関係になるのもこの業界の魅力で、その競い合いにドラマ性もある。

しぼる

【絞る】

引き締めるより、さらにグレードアップした行為。いわゆる筋肉のカット（P50）やメリハリ（P163）を生み出すこと。引き締まった身体より、絞られた身体のほうがより造形的な肉体美を感じられ、ここがボディコンテストの競技性でもある。

じむ

【ジム】

トレーニングジムの略語。政府統計で「日本標準産業分類」というものがあり、細分類に「フィットネスクラブ」がある。その説明は「室内プール、トレーニングジム、スタジオなどの運動施設を有し、会員に提供する事業所をいう」となっている。フィットネスジム、スポーツクラブなど名称はさまざまであるが、トレーニーはすべて「ジム」ととらえているようだ。

じむきゃっぷ

【ジムキャップ】

トレーニングジムで着用する帽子のこと。汗止めや髪の毛をまとめる目的があるが、ファッションとしての要素も高い。ファッションはモチベーションを向上させるものでもあるので、トレーニングの効率化がはかれる。ただし、フィットネスクラブやジムではキャップの着用を禁止しているところもある。

じむこん
【ジム婚】

トレーニングジムで出会ったトレーニーが結婚すること。同じ目的を持っているだけでなく、トレーニングに励む姿は互いに惹かれるもの。結婚式には、筋肉仲間も参列。世間では地味婚（低予算、少人数の結婚式）が増えているが、ジム婚でマッチョが集まれば、会場の熱気が高まる。

じむつきほてる
【ジムつきホテル】

トレーニングルームが併設されたホテルのこと。ホテルにはスパやサウナが完備されているところが多いので、アフターケアも万全。トレーニーにとっては出張や旅行先に好都合のホテルだ。旅行会社のWebでも「フィットネスクラブ」や「トレーニングジム」といった検索カテゴリーがあるほど数が増えている。

じむばっぐ
【ジムバッグ】

フィットネスクラブやジムに通うときのカバン。一般的に「トートバッグ」「リュックサック（バックパック）」「ダッフルバッグ（ボストンバッグ）」の3タイプに分かれる。ファッション性の高いものも多く、仕事の通勤バッグと併用している人もいる。ボディビルダーやフィジーカーで競技者であることを職場に内緒にしている場合もあり、その人たちにとっては通勤バッグをジムバッグと併用できるのは好都合だ。

しゃうとこうか
【シャウト効果】

大声を出すことで、一時的に最大筋力が向上すること。陸上競技の投擲種目などで用具を投げる際によく見られる。筋トレでは、重いバーベルを持ち上げるときや、最後の1回に力を振り絞るときなどに大声を出したくなるが、“大声禁止”のジムがほとんどなので注意しよう。

しゃしんちぇっく
【写真チェック】

自身が写った肉体が理想通りに見えているかを確認すること。プライベートでは自己満足の要素が大きい。ボディメイクコンテストに出場する選手は、ポージング、筋肉の見え方を写真で入念に確認し、見せる技術を高めていく。鏡に比べて俯瞰して見ることができ、画像データの場合は拡大することで、筋肉の状態をより細部まで確認できる。

しゅうけいきょうふしょう
【醜形恐怖症】

精神疾患のひとつ。標準以上の体格をした男性が自分の身体を貧弱だと思いこみ、強迫的に体重と筋肉をつけようとすることがある。肉体の追求が充実につながっていれば問題はなく、病気と診断されるのは自身でコントロールできなくなり、それがストレスになったり、生活に支障をきたしたりしている場合である。

しゅつじょうせんしゅめいぼ
【出場選手名簿】

ボディメイクコンテストそれぞれによって違うが、エントリー締め切り後に主催者のWebページなどで出場選手の名簿がアップされる。身長や体重も記載されており、驚きなのが見た目よりも体重が軽いこと。これは無駄な脂肪を極限まで削ぎ落としている証しでもある。

じゅにあ
【ジュニア】

ボディメイクに励む、23歳以下のカテゴリーをさす。2006年に始まった全国高校生男子ボディビル選手権大会をはじめ、日本ジュニア男子ボディビル選手権大会、オールジャパン ジュニアフィットネスチャンピオンシップス、全国高校生メンズフィジークチャンピオンシップスなど、高校生を対象にした大会も多い。男女ともに一般のクラスの大会に出場する選手もおり、すでに競技レベルは高い。

じゅらしっくかっぷ
【ジュラシックカップ／ JURASSIC CUP】

“狂気の男”の異名を持つ日本屈指のボディビルダー・合戸孝二氏と、日本ボディビル選手権18回連続ファイナリストである木澤大祐氏（通称・ジュラシック木澤）が2023年に立ち上げた大会。「選手1人1人にファンがつき、競技と生活の両立を目指すこと」をコンセプトにした「選手ファーストのボディビル大会」である。優勝賞金総額は国内ボディビル大会史上の最高額級だ。体を鍛える者が立つ舞台がまたひとつ増え、スポーツ競技としての認知もさらに高まった。

しゅれっど
【シュレッド】

皮下水分も体脂肪も限りなく除去された状態。ボディメイクコンテストの審査基準のひとつでもある。完全に仕上がった状態をさす。

しゅわちゃん
【シュワちゃん】

アーノルド・シュワルツェネッガー（P24）の日本での愛称。1985年に映画『ターミネーター』が日本で公開された際、映画評論家の淀川長治氏（1998年他界）が命名。かみやすい名前を短いニックネームにしたのが始まりとされる。淀川氏はテレビの日曜洋画劇場の締めくくりに「さよなら、さよなら」という名台詞を発したが、『ターミネーター』でシュワちゃんは「I'll be back（私は戻ってくる）」という名台詞を残している。実際にその後、何度か来日している。

しゅんぱつりょく
【瞬発力】

瞬間的に作動する筋肉の力であり、筋肉の収縮が速い速筋（P96）が活躍する。瞬発力を高めるためのトレーニングが「プライオメトリクス」と呼ばれ、ボックスジャンプ、メディシンボールスローなどが挙げられる。

BACK DOUBLE BICEPS

瞬発力は、筋肉が伸ばされた反動を使って一気に収縮させることで、力強く速く動くことができるため、鍛える際にはダイナミックな動作が必要になる。

じょー・ういーだー

【ジョー・ウィーダー】

国際ボディビルディング・フィットネス連盟（IFBB）の創始者。2008年他界。「ボディビルの父」とも呼ばれる。カナダ出身で彼自身もボディビルダーだった。また健康食品やフィットネス器具の製造販売会社を立ち上げ、「ウィーダー」というブランド名で知られる。日本でもかつて栄養補給食品のゼリーの商品名に使われていた。

しょうきん

【賞金】

ボディメイクが競技として、エンターテインメントとして人気が出てきているが、その競技のみで生計を立てられる人はほとんどいない。国内の大会の賞金はまだ高くはなく、小さな大会では、さらに少額になる。大会によっては、スポンサーの商品が賞金の代用になることもある。世界の大会では額が上がり、ミスターオリンピアでは優勝賞金が2,000 ～ 3,000万円と高額だ。日本と海外との格差は依然大きく、トレーニングに要する費用を踏まえると、競技以外での仕事での収入が重要となる。意識としては競技が本業だったとしても、収入としては副業というのが現状だ。

しょうきん

【笑筋】

表情をつくる表情筋のひとつ。文字通り笑顔をつくるのに働き、口角を横方向に引っぱる動きをするため、前歯を見せずに小さくほほ笑むときにも使われる。えくぼに関わる筋肉のひとつでもある。

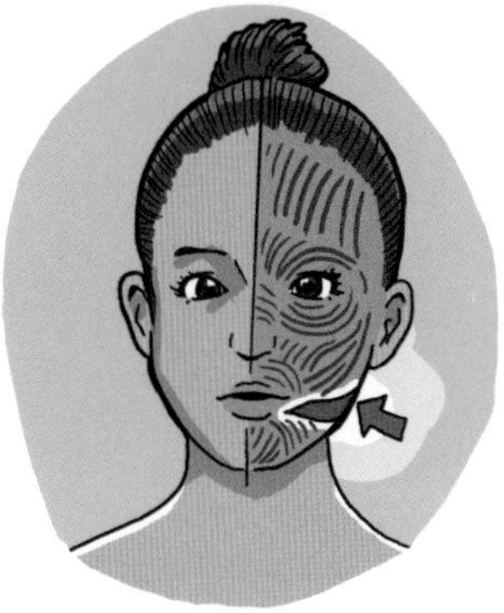

しょうきんぐん

【小筋群】

腕、肩、腹、ふくらはぎなどを表す。必ずしも筋肉の体積に一致せず、大筋群に比べて大きさが小さいから小筋群というわけではない。大筋群と小筋群の両方を鍛えることが、肉体改造の完成度を高めることにつながる。

じょうば

【乗馬】

馬と一体になって軽やかに動く姿は優雅だが、乗っている人の大腿筋や大臀筋のインナーマッスルは継続的に刺激を受けている。慣れない人が乗馬をすると、たいてい筋肉痛になる。動く馬の振動もあるため、腹筋をはじめとした体幹も鍛えられる。この特性をボディメイクに取り入れている乗馬クラブもあり、愛知県豊田市で運営するエルミオーレでは、「乗馬（ライディング）による効果を出力（アウトプット）する」という意味の造語で「ランディングアウト」を提案している。

じょうわんにとうきん

【上腕二頭筋】

上腕の前面にある筋肉。力こぶにあたる部分のこと。肘を曲げる作用があり、鍛え方はダンベルカールやバーベルカールなどのトレーニングが代表的だ。ボディビルの規定ポージングである「ダブルバイセップス」によって上腕二頭筋が強調される。

しょくとれ

【食トレ】

ボディメイクコンテストに出場するトレーニーにとっては、食事もトレーニングのひとつ。たくさん食べて身体を大きくするという単純なものではなく、消費カロリーを踏まえた摂取量と、筋肉づくりに必要な栄養素をバランスよく摂取する必要がある。

しんぐるせっとほう

【シングルセット法】

ひとつのトレーニング種目を1セットしたら、別の種目を1セットしていく方法。高重量を扱う種目の場合、2セット目に負荷が大きくなりすぎることもあり、複数の種目を順に行っていく。例えばスクワット1セット、ベンチプレス1セット、腹筋1セットを行い、スクワットに戻るという流れになる。これに対して、同じ種目を複数セット続けるトレーニングを「マルチセット法」という。シングルセット法はひとつの種目に集中できるので、フォームを正確にマスターしたい場合にも有効だ。

しんさいん

【審査員】

ボディメイクコンテストにて競技者の肉体や演技を評価する人。コンテストによって審査方法は違うが、それぞれが順位をつけ、審査員全員の順位を合計し、低い数が上位となる審査方法が多い。審査員によって順位に開きがある場合、いずれかの目利きに疑問が持たれることもあるが、大きなコンテストでは審査員は目利き揃いで評価の差は小さい。独自に審査し、審査員の結果と照らし合わせて楽しんでいる観客もいる。

しんじん

【新人】

ボディメイクコンテストに初出場する選手。大会によっては「新人部門」や「ルーキー部門」を設けている。年齢制限のある大会もあるが、はじめて出場する人は何歳でも新人だ。近年では大会の種類や数の増加に伴って競技人口が拡大し、新人の数も増えている。

じんたい きんにくひょうほん

【人体筋肉標本】

解剖学の教材、スポーツ関係の学習に使用される人体模型。人体構造をわかりやすくするために、メリハリボディともいえるビジュアルだ。この標本のような肉体を持つ人物がいる。オーストラリア在住のボディビルダー兼フィットネスモデルのヘルムート・ストレブル氏である。皮膚の下ですべての筋肉線維が収縮している様子がわかるほどで「世界で最も細断（筋肉の部位がはっきり分かれて見える状態）された男」とも呼ばれている。

しんたいりょくてすと

【新体力テスト】

文部科学省が平成11年度の体力・運動能

力調査から導入。6 ～ 11歳を対象にしたテストの内容は、握力、上体起こし、長座大前屈、反復横跳び、20mシャトルラン、50m走、立ち幅とび、ソフトボール投げ。年を追うごとに全体の記録が低下しており、子どもたちに楽しく、正しく身体を鍛える方法を伝えていくのは、筋肉界の課題でもある。

しんぶんしえくささいず

【新聞紙エクササイズ】

ハンマー投げオリンピック金メダリストの室伏広治氏がメディアでも紹介したエクササイズ。机の上に新聞紙の見開き1枚を置き、その上に片手をのせてクシャクシャとつぶしながら手のひらにおさめていく。いかに効率的に小さく丸めるかを考えながら全神経を使って行うのが秘訣で、握力だけでなく全身が鍛えられる。

しんみすたーとうだい

【真ミスター東大】

「漢（おとこ）の価値は顔ではなく、肉体で決まる」という信念のもと、肉体で東大No.1を決める大会。東京大学運動会ボディビルアンドウエイトリフティング部（通称B&W部）が主催する。「勉強力は筋力である」を合言葉に日夜筋トレに励む同部は『東大式筋トレ術 筋肉はなぜ東大に宿るのか？』（星海社）という著書を2017年に出している。

しんめとりー

【シンメトリー】

左右対称でありバランスがとれている状態のこと。筋肉の形や筋肉量に左右差が出ないように工夫するのも、筋トレのメニューを考えるひとつの要素である。難しいのが、利き手と利き足があるように無意識に日常生活を送っていれば必ずバランスがくずれること。そのために普段からコンディショニングを整える。しかし、どんなにバランス調整をはかっても人間の身体は、内臓の位置が右と左で違うため、絶対に対称にはならない。差を最小限にすることが求められる。

じんりきしゃ

【人力車】

東京の浅草で営業をする東京力車は、男女とも肉体美を持つ多数の俥夫が在籍。筋肉キュレーションサイト「東京マッスルミュージアム」というアカウントで自慢の筋肉写真を投稿している。名所の観光はもちろんだが、人力車をひく俥夫の姿を鑑賞することも旅の思い出となる。自慢のパワーで人力車を高速でひくことはないので、ご安心を。お客に合わせたペースで、街を丁寧にガイドしてくれる。

筋肉雑学

人工筋肉ロボット

約260の関節に、600以上の筋肉で構成される人体の動きは、最先端技術をもってしても模倣することは難題といわれている。そんな状況下、企業や研究機関では開発が進められ、人工筋肉を使ったロボットは着実に進化している。"強さ"と"やわらかさ"が課題で、人体と同じようにしなやかな動きのロボットが開発されれば、工業生産、農業、漁業、また災害地での救援作業などでの活躍が期待できる。

すーはー

【スーハー】

筋トレは無酸素運動だが、呼吸を止めているわけではない。息を「スー」と吸って、「ハー」と吐きながら行う。鼻から大きく吸って、おなかに入れて吐き出す腹式呼吸が推奨されている。インナーマッスルの横隔膜が動くことで心臓に多くの酸素を取りこめる。力を入れるときに息をゆっくり長く吐き出すのがコツだ。呼吸を意識することで体幹が使われ、筋力をより効果的に高められる。なお、腹式呼吸は自律神経のバランスを整えるのにも有効である。

すーぱーさいやじん

【スーパーサイヤ人】

漫画『ドラゴンボール』にて、主人公の孫悟空をはじめ、孫悟飯、孫悟天、ベジータなどサイヤ人が肉体をパワーアップさせた形態。そうしたスーパーサイヤ人の中でも、特筆すべき格段の肉体を有する存在が、劇場版アニメではじめて登場した「ブロリー」。スーパーサイヤ人になると、筋肉が膨れ上がった大男へと変貌する。この肉体に憧れるボディビルダーもいるそうだ。

すーぱーせっとほう

【スーパーセット法】

人体は互いに反対の作用を行う一対の筋肉がある。それぞれを「主働筋」と「拮抗筋」という。2つのエクササイズを連続して行うことを「スーパーセット法」といい、通常よりもハードに刺激できる。例えば、腕を曲げるときは、上腕二頭筋が主動筋で、上腕三頭筋が拮抗筋となる。

すーぱーまん

【スーパーマン】

1978年に上映されたスーパーヒーロー映画。DCコミックスのアメコミ『スーパーマン』を原作としたテレビアニメもアメリカで放送された（1996年～2000年）。実写版の映画では、歴代の主演俳優が筋トレで肉体をつくり上げた。ヒーロー性から、スポーツ界などではスーパーマンの愛称がついた人物も数知れず、一種の称号になっている。

すいけんしきふっきん
【酔拳式腹筋】

世界的なアクションスターであるジャッキー・チェンの主演にて初期作品の『ドランクモンキー 酔拳』(1978年製作)の一場面。悪敵を倒すために修行をする際、木に足を引っかけ、水の入ったたらいを持って腹筋をするのだ。これを真似したアスリートもいるようだが、危険なので真似はしないように。

すいそすいさーばー
【水素水サーバー】

運動中、前後に水素水で水分補給する人が増えている。水素は強力な抗酸化作用を持ち、細胞の酸化を軽減する効果があるとされる。また筋肉疲労の軽減も期待される。こうした作用もあって水素水サーバーを設置しているフィットネスクラブやジムも出てきている。

すいみん
【睡眠】

睡眠は筋トレの質を高めるために欠かせない要素のひとつ。睡眠中は成長ホルモンの分泌が活発化し、タンパク質の合成が進んで筋肉の修復と合成が行われる。一方で、睡眠不足が続くと体調をくずしやすくなり、健康を害する可能性も高くなる。睡眠不足が続けば筋肥大は望めないだろう。

すきにーぱんつ
【スキニーパンツ】

脚のラインに沿ってフィットするタイプのズボン。脚が太くてもすっきり見え、筋肉の盛りもしっかり出せるが、筋肉が大きすぎると、生地が伸びすぎてしまう。ボディメイクコンテストのかけ声で、「スキニーパンツに謝れ」という称賛の表現もあった。

すきまじかん
【スキマ時間】

筋トレには「マシンがなくてもトレーニングできる」、「短時間でも負荷をかけられる」という特性があり、どこにいてもちょっとした時間があればトレーニングに充てられる。「ちょいトレ」ともいう。

すくらっぷ・あんど・びるど
【スクラップ・アンド・ビルド】

第153回芥川賞受賞作品（2015年）。ニートの主人公が自宅でハードに追いこむトレーニングをするシーンがたびたび出てくる。著者の羽田圭介氏もトレーニーとのことで、やりすぎると執筆が停滞するらしい。

すくわっと
【スクワット】

ベンチプレスやデッドリフトと並ぶ、筋トレ「BIG3」のひとつ。直立した姿勢からしゃがみこみ、立ち上がるという動作を繰り返し行うのが基本動作。下半身全体を効率的に鍛えることができるトレーニング種目だ。下半身だけでなく、全身の多くの筋肉が関わり複合的に動くことから「キング・オブ・エクササイズ」とも称される。ジムではバーベルを使用したスクワットで、大きな負荷をかけて効率的に筋トレできる。フォームが重要なので、トレーナーの指導をあおぎたい。

すこあしーと
【スコアシート】

ボディメイクコンテストで審査する際の採点表。「ジャッジペーパー」ともいう。大会ごとに内容は違うが、審査員が出場者の順位をつけ、順位の合計が最も小さい者が上位というシステムが一般的。同率の場合は同点審査が行われる。なお、大会によっては、競技終了後に主催者のWebページにてスコアシートが公開される。

すじ
【スジ】

人体ではアキレス腱など「腱」をさすことが多い。腱は筋肉の柔軟性を高める重要な部位で、ふくらはぎや足首周辺の筋肉を鍛えることで強化させられる。また激しい運動で断裂などのケガが生じやすい部分でもあるので、入念にストレッチをする必要がある。

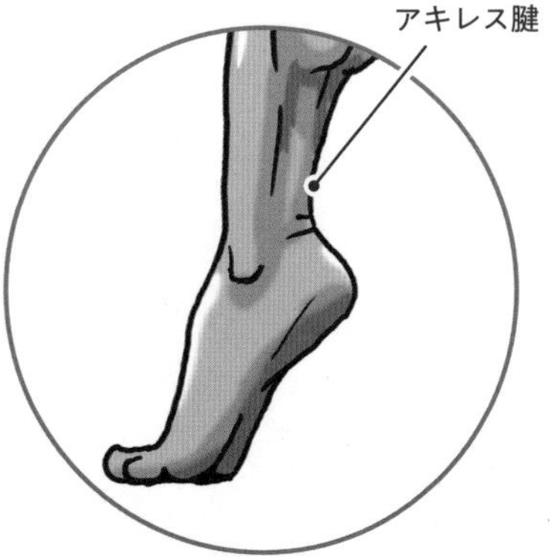

すじゆおんせん
【筋湯温泉】

大分県玖珠郡九重町にある温泉。約3mの高さから湯が落ちる「日本一のうたせ湯」の異名を持ち“筋肉をほぐす湯”として、肩こりなどの「筋の病に効く」ということから「筋湯」と呼ばれるようになった。

すずきまさし
【鈴木雅】

日本ボディビル・フィットネス連盟主催の大会で2010年～2018年まで日本一に輝き、2016年にはアーノルド・アマチュア選手権80kg級、IFBB男子世界アマチュアボディビル選手権大会80kg級で優勝。ゴールドジムアドバンストレーナーとしても活動し、オンラインサロンにて「鈴木雅塾」を開講するほか、プロ野球選手にも体づくりの指導を行うなど、幅広い分野で活躍している。

すたいりー

【スタイリー】

1975年ごろに「スタイリースタイリー」というテレビCMでヒットした家庭用健康器具。折り畳み式の簡易ベッドのようなものに寝転がり、「V字腹筋」と「エビ反り」などを行う。ストレッチ効果はあるだろうが､筋トレ効果は期待できなさそう。また、2人用もあるが、こちらはストレッチのイメージすらできなくなる。しかし、1970年代の筋トレブームを支えたひとつのもので、トレーニングマシンが家庭に普及するきっかけになったともいえる。

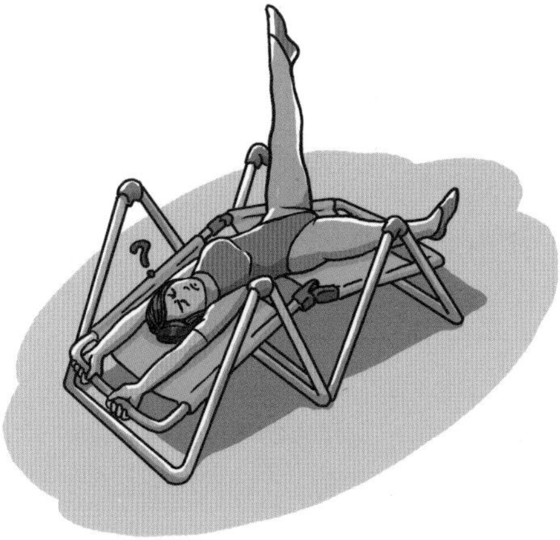

すてぃっきんぐぽいんと

【スティッキングポイント】

トレーニング動作において最も負荷がかかる位置のこと。可動域の中で自分の発揮できる筋力が最も弱いポイントである。関節の角度や筋発揮の仕方などの要因で決まり、ベンチプレスならバーが胸から少し浮いた時点がスティッキングポイントにあたる。このポイントがどうしてもブレーキになってしまい、筋発達を阻害しているケースも見られる。

すてっぱー

【ステッパー】

ステップの上に乗り、交互に足を踏みこむことでウォーキングと同じように有酸素運動を行える機器。家庭用としても入れ替わり立ち替わり新製品が誕生し、健康機器の定番となっている。有酸素運動による脂肪燃焼が主な効果だが、足腰を鍛えるのにも有効だ。

すてろいど

【ステロイド】

スポーツ界では「アナボリックステロイド」や「タンパク質同化ステロイド」などをさすことが多い。服用することで筋肉量の増加、赤血球の増加などの作用がある。WADA（世界アンチ・ドーピング機構）が規定している禁止物質で競技会時および競技会外で使用を禁止している。ステロイドを使用せずに、身体をつくり上げることを「ナチュラル」と呼び、日本のボディメイク界は、ナチュラルボディによるレベルアップをはかっている。

すとっぷほう

【ストップ法】

それぞれのトレーニング種目のセットの最後の1回において、エンドポジション（動作の切り返しになるポイント。例えばスクワットの場合は、ヒザを曲げて筋肉に負荷が最もかかるポジション）で数秒停止する方法。ターゲットの筋肉により負荷をかけられ、トレーニング効果が高まる。また、メニューの最終セットのみに採用するケースもある。

すとりーとわーくあうと
【ストリートワークアウト】

公園やビーチなど、戸外でトレーニングすること。アメリカのロサンゼルスのベニスビーチにある「マッスルビーチ」には、トレーニングマシンが設置され、屋根と壁のないジムといったところ。屋外のワークアウトではあるが、マシンが充実しており、利用料もかかることからストリートワークアウトとはいい難い。いうまでもないが、公園やビーチなどの屋外では、周囲に迷惑がかからないようにトレーニングするのがマナーだ。

すとりえーしょん
【ストリエーション】

筋線維の束が皮膚から透けて見える状態。筋線維の「走行ライン」。極度の減量によって皮膚が筋肉に張りつくことによって起こる。ボディメイクコンテストでは、ストリエーションが肉体の見栄えをよくするため、審査基準のひとつである。

すとりくとふぉーむ
【ストリクトフォーム】

「ストリクト」は「厳しい・厳格な」という意味を持つ。反動をつけずに鍛える部位の力だけを使って動作すること。一般的に正しいトレーニングフォームに該当する。これによりターゲットの筋肉を効率よく鍛えることができる。なお、あえて反動をつけて行う筋トレもあり､その動作を「チーティングフォーム(P102)」という。

すとれーとせっとほう
【ストレートセット法】

ひとつのトレーニング種目で扱う重量を、全セットを通し同じ重量に設定してトレーニングを行う方法。セットごとに重量を変えることがないのでケガには注意したい。

すとれーとねっく
【ストレートネック】

自然な曲線を描いているはずの頸椎（首）がまっすぐになった状態。原因の多くは、スマホやパソコンを見る際に前傾姿勢となり、長時間同じ姿勢だったり習慣化したりすること。頸椎の血流が阻害され、首まわりの筋肉もこり固まってしまう。姿勢矯正やストレッチが改善策としては有名だが、肩甲骨周辺の筋肉を鍛えることも有効。姿勢が起き上がりやすくなる。

すとれっちしゅもく
【ストレッチ種目】

「POF法（Positions Of Flexion）」というトレーニング方法に含まれるひとつ。筋肉が伸びた状態のときに最も負荷がかかるトレーニング種目である。例えば、バーベルやダンベルを下ろした地点で最大の負荷がかかる種目をさす。重量を重くしすぎない

ことが重要だ。これに対し、筋肉が収縮した状態で筋肉に最も負荷をかけるものはコントラクト種目（P73）という。なおストレッチは、筋肉を伸ばして柔軟性を高めるエクササイズのため、別ものである。

すとれっちぽーる
【ストレッチポール®】

円柱型の適度な反発力がある健康アイテム。この上に寝転がるだけで肩甲骨が開いて姿勢が整い、筋肉はしっかりストレッチングされる。株式会社 LPNが開発製造したもので、商標登録されている。

すとろんげすとまん
【ストロンゲストマン】

巨大なタイヤをひっくり返したり、トラックを引っ張ったり、ドラム缶を投げたりといった競技で力持ちを決める大会。「アーノルド・ストロングマン・クラシック」と「ワールド・ストロングマン・クラシック」が最高峰の大会として位置づけられる。日本でも大会が開催されており、日本ストロングマン協会もある。

すなどけい
【砂時計】

ウエストが引き締まったボディラインの比喩表現。バスト、ウエスト、ヒップという、通称スリーサイズのメリハリをさす場合もあり、サイズの大小ではなく、バランスが重要である。

すぱいだーまんすとれっち
【スパイダーマンストレッチ】

アメコミのヒーロー「スパイダーマン」が由来のストレッチ。「スパイダーランジ」と呼ばれることもあり、四つんばいになってクモのように前進していく。股関節の可動域が大きくなり、血流が促進されて脂肪燃焼も期待できる。

すぽーつくらいみんぐ
【スポーツクライミング】

壁に取りつけられたホールドに手と足をかけながら登っていく競技の総称。回数やタイム、登った高さなどを競い合う。手と脚の筋肉はもちろん、動きながら筋力を発揮するため体幹も重要で、筋肉の瞬発力と持久力の両方が求められる。手指の筋肉を鍛えるのはこのスポーツならではだ。選手の腹筋や広背筋はユニフォームで隠れているが、前腕筋は見える。力を入れた瞬間の筋肉のカットがすさまじい。

すぽこん
【スポ根】

「スポーツ」と「根性」を合成した言葉で、漫画やアニメ、ドラマのジャンルでよく使われる。過酷な練習と厳しい指導者がセットになっていることが多く、現在ではパワハラ、体罰がクローズアップされ、問題視されている。現代スポーツではスポーツ科学に基づいたトレーニングになっており、これは筋トレにおいても同様だ。一方で、タイヤ引きのようにスポーツ科学に基づいているものもあり、これらは筋トレの種目として残っている。

すまーとうぉっち
【スマートウォッチ】

スマートフォンと同様の機能を搭載した腕時計。体重、体脂肪、消費カロリーといったヘルス面の機能や、筋トレのカウント機能がついたものもあり、トレーニーに普及している。邪魔にならないため日常生活のみならず、運動時にも重宝する。

すまっちょ
【スマッチョ】

スマートなマッチョの略語。マッチョと細マッチョの中間に位置する肉体。ほどよく筋肉が盛り、ほどよく絞られた体というニュアンスとなる。マッチョ寄りか、細マッチョ寄りか、そのバロメーターは個人の感覚に委ねられる。なお､「スマイルマッチョ」を「スマッチョ」と略すこともある。

すまほきんし
【スマホ禁止】

音楽を聴きながら、映像を見ながらトレーニングするのにスマホを活用する人が多いが、フィットネスクラブやジムでは使用を禁止しているところもある。理由はほかの利用者のプライバシーを守るためや、トレーニングの邪魔にならないようにするため。特に写真や動画撮影がトラブルの原因になる。また､スマホの通知を気にすることで､トレーニングの質が落ちることもある。

すまほすたんど
【スマホスタンド】

スマホの利用が禁止されていない施設や自宅で、スマホで映像を見たり、動画を撮影したりする際に、スマホスタンドがあると便利。オンラインフィットネスの普及で、利用頻度も増えている。

すろーとれーにんぐ
【スロートレーニング】

筋肉を長くゆっくり動かすことで、筋肉が収縮する際の血流量を減らし、負荷をゆるめないことで、軽い負荷でも重い負荷と同じ効果が得られるトレーニング法。血圧が上がりにくいので高齢者にも適しており、無理なく効果的に筋肉を鍛えることができる。「スロトレ」と略すこともある。

筋肉迷信

酢は身体をやわらかくする？

酢は炭水化物のエネルギー変換に働いたり、脂肪の合成を抑えて分解を促進したり、疲労を緩和させたり、肉体づくりにさまざまな貢献をする。黒酢やりんご酢など種類もさまざまで、料理に合わせやすい。酢を携帯しているトレーニーもいるそうだ。しかし、身体をやわらかくする効力については科学的な根拠はないようだ。

せいそう
【正装】

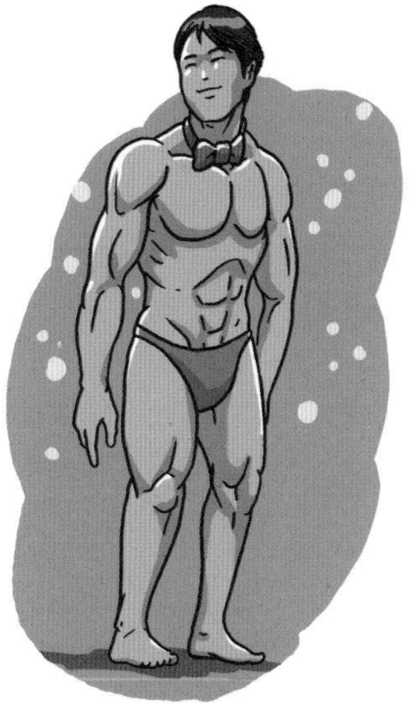

ボディメイクの競技者は、裸体が基本スタイル。水泳選手の場合、競技中は水着だが、大会の開会式や閉会式、また、表彰式のときはジャージなどを着る。しかし、ボディメイクコンテストの場合は、これらの場面でも裸が規定のコスチューム姿なのだ。“筋肉を着る”という言葉を使う人もいるが、筋肉は衣装の役割も果たしているといえる。

せいちょうき
【成長期】

身体が著しく発育する期間をさす。一般的には思春期の数年間が成長期にあたる。昨今、ジュニア（P82）が台頭しているのは、この成長期に適切なトレーニングができるようになったことも関係している。この時期に筋トレの効果を実感しておくことが、のちのトレーニングの継続につながる。一方で、筋肉の成長に年齢は関係ないという特性もある。ギネス記録にもなっている世界最高齢のボディビルダーであるジム・アーリントンは90歳台。高齢でも肉体を鍛え上げることで、筋肉は成長する。

せいちょうほるもん
【成長ホルモン】

脳の下垂体から分泌されるホルモンのひとつで、思春期に分泌が多くなるが、生涯にわたって分泌される。高強度のトレーニングをすると成長ホルモンが分泌されやすくなる。また成長ホルモンの分泌は入眠後、22時から翌日の2時の間に分泌されやすい。なお、成長軟骨板（骨幹と骨端の間にある軟骨）は思春期に閉鎖した状態になるため、それ以降は身長が伸びなくなる。

せいよく
【性欲】

筋トレによって分泌されるテストステロンは、性欲にも関わっている男性ホルモン。また、女性のオルガズムは、骨盤を支える骨盤底筋群のリズミカルなけいれんを伴う。筋トレをすると性欲が失せるという説があるが、これは筋トレに限らず疲労が原因だと考えられる。性と筋トレとの関連性の研究はまだ進んでいない。

せくしーきん
【セクシー筋】

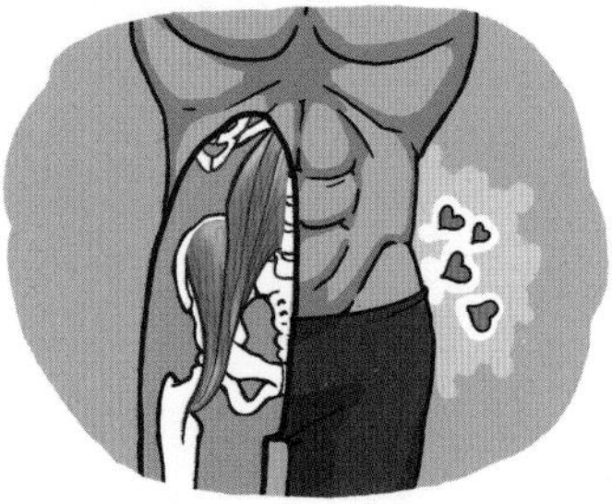

フェチズムを感じさせる筋肉のこと。対象となる部位は、見る人によって違う。広背筋をセクシーだと感じる人は少なくないようだ。背中や腰まわりの筋肉を支えるインナーマッスルの「大腰筋」をセクシー筋という人もいる。見えない筋肉だが、セクシーな肉体を生み出す部位という意味合いからだ。

せなかをむいたら さようなら
【背中を向いたらさようなら】

1990年代にアメリカで活躍したボディビルダーのショーン・レイの言葉。肉体を鍛錬しているかどうかは、背中を見ればわかるという人がいる。前面を鍛えていても“背中を見たらがっかり”ということになる。これはインナーマッスルも含め、“自身の目では確認できないところまで意識するべき”という意味合いで、トレーニーの金言にもなっている。

せぱれーしょん
【セパレーション】

筋肉と筋肉がきれいに分かれている境目（セパレート）のこと。それぞれの筋肉を大きくし、脂肪を極限まで落とした状態で現われる。絞りこまれた筋肉をカット（P50）と表現するのに対し、セパレーションは上腕三頭筋と三角筋に溝ができてそれぞれが際立っているなど、筋肉の部位が強調されている状態の表現で使われる。

せろとにん
【セロトニン】

三大神経伝達物質のひとつで、分泌されることにより交感神経が刺激され、気分が高揚することから「幸せホルモン」とも呼ばれる。精神安定や食欲抑制にも働く。また、セロトニンは眠りを促すメラトニンの材料にもなり、快眠にもつながる。筋トレは交感神経を刺激することからセロトニンを分泌させる。

ぜんしんせいかふかの げんそく
【漸進性過負荷の原則】

筋トレ5原則のひとつ。トレーニングを続けると、同じ強度や負荷で行っても効果が表れなくなる。この原則は筋力や技術力の向上に伴い、徐々にトレーニングの強度や負荷を上げていくことであり、筋トレの基本中の基本の原則である。ほかの運動においても同様のことがいえ、まったく同じ内容を続けていても効果はいずれ頭打ちになり、思うような結果は見こめない。

せんたく
【洗濯】

トレーニングウエアを複数枚持っていない人は、トレーニング頻度が高まると、並行して洗濯回数が増える。また、普段着がトレーニングウエアで、洗濯物の8割がトレーニングウエアという人もいる。

せんたくいた
【洗濯板】

割れた腹筋の比喩表現。腹筋の表現としては「板チョコ」や「ちぎりパン」があるが、最もかたそうなイメージが洗濯板である。なお、マッチョフリー素材「マッスルプラス」では、腹筋を洗濯板に見立てて洗濯をしている画像がアップされている。洗濯板同様のかたい物体で「大根おろし器」を比喩表現として使ったかけ声もある。

ぜんにほんなちゅらるぼでぃびるでぃんぐれんめい
【全日本ナチュラルボディビルディング連盟／ANNBBF】

「ANNBBF」と略記される。スポーツとしてのボディビルディングを支え、競技の適性さ、選手の健康の安全性を守るため、禁止薬物の使用をいっさい認めていない。ドーピングテストは100%実施している。団体としての歴史は1954年「関西ボディビル協会」発足に遡る。「WNBF（World Natural Bodybuilding Federation）」とアフィリエイト契約を締結しており、国内の大会で好成績を残した選手は、プロカード取得することが可能。

せんぽんど
【1000ポンド】

パワーリフターが目標とするノーギアスクワットの記録設定。誰ひとり届かなかったこの記録を、2016年、アメリカのパワーリフティング選手であるレイ・ウィリアムズが達成した。1000ポンドは453.6kgだ。

筋肉迷信

背が伸びなくなる？

かたくて大きな筋肉が、骨の成長を阻害しているという、安易な考えから迷信となった。根拠はなく、科学的には否定されている。むしろ、筋トレは成長ホルモンの分泌を促す作用があるため、適度に行えば成長を後押しすることになる。オーバーワークは厳禁だ。

そーしゃるふぃっとねす
【ソーシャルフィットネス】

健康増進を目的とした取り組みのひとつ。フィットネスクラブなどのスポーツ施設の運営企業と連携し、地域にある飲食店やショッピングモール、自治会館、広場などを活用した取り組みを行う。地域、健康、介護予防、健康寿命延伸などに貢献できる。一般社団法人ソーシャルフィットネス協会が推進している。

そーるどあうと
【ソールドアウト】

ボディメイクコンテストのチケットが売り切れること。人気の大会では即完売ということもあり、当日券のない大会も多い。ライブ中継をする大会もあるが、やはり直に選手の肉体を鑑賞し、会場の熱狂を感じたいもの。地方開催や小規模な大会ではチケット販売の情報が乏しいものもあるので、入念なチェックが必要だ。

ぞうきんがけ
【雑巾がけ】

雑巾を効率よくまっすぐ床を滑らせるには、関節と筋肉を連携させスムーズな動きをしなければならない。体幹が鍛えられることもあり、子どもの発育トレーニングとして取り入れているところもある。愛媛県の宇和米博物館で行われる「雑巾がけレース」という大会はメディアに取り上げられることも多い。博物館は小学校だった木造校舎を再利用しており、100m以上もある長い廊下がコースになる。

そこまでしぼるには ねむれないよるも あっただろ
【そこまで絞るには眠れない夜もあっただろ】

ボディメイクコンテストでのかけ声で有名になったフレーズが、カードゲームのタイトルになった。マッチョコマをステージカードに置き、かけ声カードを引いて、その言葉を大きな声で読み上げていく遊び方。細かなルールはあるが、大会で声援するように参加者みんなが元気になればゲームの目的は達成される。発売元は株式会社アークライト。

そっきんとちきん
【速筋と遅筋】

速筋は収縮力が速い筋肉で、瞬発性に優れる。一方、遅筋は収縮力が遅く持久力を発揮する。前者は色が白いことから白筋、後者は赤いことから赤筋ともいわれる。速筋と遅筋に性差はなく、遺伝的要因が大きい。

そふとまっちょ
【ソフトマッチョ】

マッチョを細分化したひとつ。ソフト(soft)には「やわらかい」という意味があるが、定義はない。細マッチョより体脂肪率が高い肉体をさすことが多い。スマッチョと同義ととらえることもできる。

た

たいかん
【体幹】

顔・首・腕・足以外の身体の中心部分。体幹に関わる部分の筋肉を「体幹筋」と呼ぶ。体幹の役割は、下半身で発揮したパワーを上肢または手に持っている物体（ボールやラケット、バット）にしっかりと伝えることである。体幹を固めることで、より大きな力を伝達させることができ、パフォーマンスの向上につながる。

だいきょうきん
【大胸筋】

胸の表層部に存在する筋肉。上部、中部、下部の3つの部位に分かれており、まんべんなく鍛えることで、横幅が広く、盛り上がった厚く丸い胸板になる。発達した大胸筋は胸に谷間ができる。

たいしぼう
【体脂肪】

内臓脂肪と皮下脂肪の総称。体重に占める体脂肪の割合を「体脂肪率」と呼ぶ。過剰な体脂肪は、ボディラインなどの見た目に影響するだけでなく、糖尿病、脂質異常症、高血圧といった生活習慣病を引き起こしやすくなる。運動と食事管理の併用により体脂肪を効率よく落とすことができる。

たいしょうきん
【対象筋】

鍛える標的となる筋肉。なんとなく身体を鍛えたいと思ってトレーニングするより、鍛えたい筋肉の部位を特定して行うほうが効果的だ。また、筋肉に負荷をかけたのち、回復や筋タンパク合成にある程度の時間を要するため、その期間は別の対象筋を鍛えるなど、計画性が求められる。

たいそうのおにいさん
【体操のおにいさん】

NHKのテレビ番組『おかあさんといっしょ』に登場する歴代の体操のおにいさんは、すべて筋肉バキバキ。元体操選手の人も多く、その肉体とアクティブな動き、そして笑顔は子どもたちだけでなく、保護者の目も釘づけに。1961年から歴代のおにいさんが肉体で親子を元気にし続けている。

たいそせいけい
【体組成計】
体脂肪と骨、除脂肪軟組織の三要素に分類され、これらの構成比の指標として体重、体脂肪率、基礎代謝量、内臓脂肪量、筋肉量などを測定することができる。身体のバロメーターとしてだけでなく、筋トレの成果を確認するためにも活用される。

だいたいしとうきん
【大腿四頭筋】
人体の筋肉で最も大きな筋肉で、太ももの前側に位置する。スピードスケートや自転車競技のアスリートは特に発達している。大腿直筋・外側広筋・中間広筋・内側広筋の4つの筋肉で構成されており、絞りこむことでこれらの割れ目がはっきり現れる。

だいでんきん
【大臀筋】
お尻の中で最も大きな筋肉。脚を後ろに振るときに作用する。お尻が垂れたり、横に広がったりするのは、この部位の筋力の低下も原因のひとつ。床に仰向けになってお尻を上げるヒップリフトや、片足を後方の椅子などに乗せて行うブルガリアンスクワットなど、自重トレーニングでヒップアップを叶えられる。

たいないどけい
【体内時計】
自然に朝に目が覚めて、夜に眠くなる、24時間周期のリズム信号を発振する機構。筋肉の増加は体内時計を介して引き起こされる。内臓などの器官や組織もこれに基づいて機能しているため、食事のリズムも一定にするとよい。

だいにちじ
【大日寺】
徳島県にある四国八十八か所十三番のお寺。お寺でトレーニングジムを開いており、鍛え上げられた肉体を持つ住職の大栗弘昴氏が指導する。心と肉体は密接な関係があり、仏の道においても「心と体のバランスが大切」だとし、それをトレーニングを通して伝えている。

たいやひき
【タイヤ引き】
ランニング中、タイヤにひもをつけ、輪になったひもに身体を入れて引っ張るトレーニング法。スポ根漫画やアニメでもお馴染みのトレーニングで、現代のスポーツ科学でもその効果が認められている。ランニングに抵抗を加えることで、加速局面のパフォーマンスを改善させることができる。「スレッド走」と呼ばれる。

だいやもんどかーふ
【ダイヤモンドカーフ】
ふくらはぎの下腿三頭筋のカットが、ダイヤモンドのカットのようにキレキレな様子であることの比喩表現。鍛えられたふくらはぎを褒める言葉。

たいようれいはい
【太陽礼拝】
ヨガの定番ポーズのひとつ。大腿四頭筋、腹直筋、腓腹筋、大臀筋、脊柱起立筋など、重力に逆らって体を支えるための筋肉がバランスよく使われる。やり方は、1.まっすぐ立つ、2.両手を上へ伸ばす、3.前屈、4.両手を床につけて片足を後ろへ伸ばす、5.ダウンドッグ、6.プランク、7.コブラ、

8.ダウンドッグ、9.片足を後ろへ伸ばす、10.前屈、11.両手を上へ伸ばす、12.まっすぐ立ち合掌というルーティン。太陽に感謝する意味がこめられているポーズである。

だいりーぐぼーる ようせいぎぶす

【大リーグボール養成ギブス】

スポ根漫画、アニメの代表格ともいわれる『巨人の星』(1966年『週刊少年マガジン』で発表)にて、主人公の星飛雄馬(ほしひゅうま)がトレーニングに取り入れた鉄製のギブス。上半身すべてがギブスで締めつけられており、バネの収縮に反して身体を動かし、食事などの日常生活も送る。外国選手に見劣りしない肉体をつくり上げることが目的だが、スポーツ科学でその効果は立証されていない。ちなみに現実世界の現代野球では、チューブの収縮に反発するトレーニングが採用されている。

たおるえくささいず

【タオルエクササイズ】

自重トレーニングでタオルを活用するもの。例えばタオルの両端をそれぞれの手で持ち、足にひっかけて上体を起こす腹筋運動。負荷のかかったところで状態を左右に揺らすことで、腹直筋だけでなく、腹横筋や腹斜筋も刺激できる。ストレッチ効果もある。

たこやきまっそー

【たこ焼きマッソー】

紙器メーカーである松原紙器製作所と愛媛県松山市にあるたこ焼き店「たこ家」がイベント用にコラボレーションした商品。ポージングしたボディビルダーのおなかが箱になっており、そこには8個のたこ焼きが入っている。“8パック”の完成。たこ焼きを食べると、箱の底に描かれたガリガリの腹筋が出てくる。

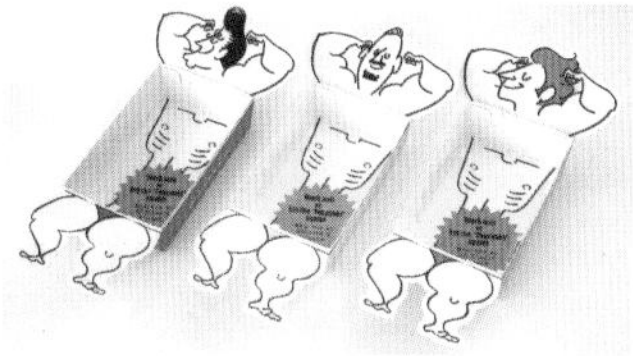

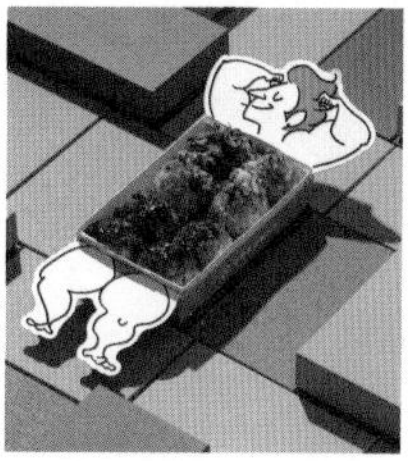

だっすい

【脱水】

体内の水分が枯渇した状態。筋肉がかたくなったり(筋肉の硬直)、痙攣したり、痛みを伴ったり、筋肉痛の症状が見られたりする。マラソンや駅伝選手が倒れこんで動けなくなるのも脱水状態で、大量の汗をかくことで水分を失ったことが原因だ。日々鍛錬しているアスリートの肉体でも脱水状態になると運動機能が低下してくるのだ。そのため、ボディメイクの競技者が大会の直前に行う「水抜き」(P157)も細心の注意を払わなければならない。

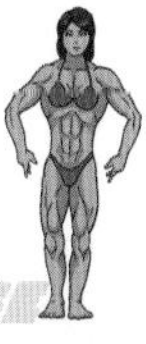

たっぷほう
【タップ法】
意識しづらい筋肉を叩いて刺激を与えることで、対象となる筋に注意が払われ効果的にトレーニングができる。また、大相撲や格闘技で取り組みやゴング前に自身で身体を叩く行為は、気持ちを高め交感神経が活発化し、闘う準備をするためでもある。

だつもう
【脱毛】
ボディビルダーやフィジーカーは、筋肉のカットを見せるため、体毛が邪魔になる。よって体毛は処理するが、その方法は脱毛と除毛に分かれる。脱毛は毛穴の中の毛もレーザーなどで消してしまう方法。除毛はシェーバーやクリームで表面に出ている体毛を処理する方法だ。どちらがよいかは賛否あるが、いずれも肌のケアをセットで行う必要がある。ボクシングや競泳など裸体で競技する選手のほか、体操やバスケットボールなど脇を露出したユニホームを着る選手も脇毛を処理する人が増えている。

たにたさいず
【タニタサイズ】
健康をトータルにサポートする株式会社タニタの運動器具のシリーズ名。同社がプロデュースする女性専用フィットネス「タニタフィッツミー」の健康運動指導士が監修した運動メニューをホームページで公開中。「リングダンベル」「カロリージャンプ（消費カロリー計付きなわとび）」「ジムボール」など、生活に取りこみながら無理なくトレーニングできる商品が揃う。

だびでぞう
【ダビデ像】
彫刻芸術の最高峰ともいわれる大理石像。巨人ゴリアテを倒した勇者として旧約聖書に登場する若い羊飼いを描いたミケランジェロの彫像だ。脂肪感はなく、ほどよく筋張っており、バランスのとれた肉体という人もいる。一方で腹筋など前面はバキバキだが、背中の絞りがあまいという意見もある。

だぶるすぴりっと
【ダブルスピリット】
1日2回筋トレをする方法。同じジムで行うこともあるが、複数のジムをかけ持ちする人もいる。2回行うのは、筋トレのターゲットにする部位や内容が違うこと、環境を変えて気分転換すること、短時間集中で行うことなど、理由や目的はさまざま。

たまご
【卵】
最も手軽に栄養を摂取できる食品。ビタミンCと食物繊維以外の主要栄養素を含んでいることから完全栄養食ともいわれる。筋

肉づくりに役立つ男性ホルモンのテストステロン（P107）の原料になるコレステロールも含む。映画『ロッキー』でシルヴェスター・スタローン演じるロッキーが、特訓中に生卵5個を一気飲みするシーンは有名だ。

たんくとっぷ
【タンクトップ】

トレーニーの日常着。トレーニングウエアとしては「筋肉の収縮を確認しやすい」「肩まわりを動かしやすい」「暑さを軽減できる」などの利点がある。マッチョの場合、一般的なタンクトップが体に合わないため、「ボディビルタンクトップ」とか「トレーニングタンクトップ」というカテゴリーのものを着用する。また、体にフィットするもの、首まわりが広くゆとりのあるものなど形状はさまざまだ。なお、機能性ではなく、筋肉アピールとして着用している人もいると思われる。

だんさー
【ダンサー】

ステップやターンなどのキレは、キレッキレの肉体によって生みだされる。特に体幹が重要で、バレリーナは細身の体型を維持しなければならないため、アウターマッスルの強化の代わりにインナーマッスルの強化が重要とされる。ブレイキン（ブレイクダンス）はアクロバティックな動きをする際、衣服がめくれてバキバキの腹筋が露わになる。

たんにんぐ
【タンニング】

太陽光や太陽灯などを浴びて日焼けすること、皮膚を褐色にすること。マシンを使って日焼けしたり、オイルを塗って肌を褐色にしたりすることもできる。「ボディカラーリング」ともいい、ボディメイクコンテストの採点を左右するひとつの要素でもある。日光による日焼け、短期間での日焼けは肌の損傷になるため、計画的なタンニングが必要だ。大会によって規定は違い、例えばJBBFの場合は、「①JBBF公認セルフタンニングローション コンテストブラック（NURBS社製）」「②JBBF公認サロンにてカラーリング施術」という規定があり、大会当日までにしっかりと液剤を流して、必ず色が落ちないようにしなければならない。カラーリング施術はスプレーで色を塗るため「スプレータンニング」とも呼ばれる。なお、マシンでのタンニングには時間を要する。競技者の多くは、仕事をしながらトレーニングをしており、タンニングするための時間作りに苦労している。

たんぱくしつ
【タンパク質】

三大栄養素のひとつ。筋肉や臓器など身体を構成する要素として非常に重要な栄養素である。自身に必要なタンパク質の摂取量を知っておくことも大切。筋トレしている人の場合、1日に必要なタンパク質摂取量の目安は体重の0.2%とされている。60kgの体重なら120gだ。この数値を目安にし、摂取するタイミングを意識することが、効率的な筋肉づくりにつながる。過剰摂取は体脂肪増加につながったり、肝臓や腎臓に負担がかかったりするので注意したい。

たんぱくせんげん
【たんぱく宣言】

1979年にリリースされた、シンガーソングライターのさだまさし氏の楽曲「関白宣言」。おそらくこの曲名に影響を受けているであろう、「たんぱく宣言」という名称の食品が多数ある。関白宣言の歌詞は、男性から女性へのメッセージだが、たんぱく宣言は誰に向けてのものなのか？

だんべるなんきろもてる？
【ダンベル何キロ持てる？】

筋トレ＆ダイエットで理想のカラダを目指す、女子高生たちの肉体改造コメディー漫画。漫画配信サイト『裏サンデー』（小学館）と、漫画配信アプリ『マンガワン』にて連載されており、テレビアニメにもなっている。原作：サンドロビッチ・ヤバ子氏、作画：MAAM氏。

©サンドロビッチ・ヤバ子、MAAM／小学館

ちーてぃんぐふぉーむ
【チーティングフォーム】

反動を使って行うトレーニングのこと。例えば高重量のトレーニングで、ストリクトフォーム（P90）では扱えないような大きな重量でも行うことができ、全身の筋肉が使われる。ただし、反動をつけるため、正しいフォームから逸脱することがあり、ケガをする可能性も高い。トレーナーの指導のもと行うとよい。初心者には不向き。

ちーとでー
【チートデー】

「好きなものを食べていい日」とし、減量中の体重停滞期打破に用いられる。精神的な安息日でもあり、計画的にチートデーを取り入れることで、トレーニングの継続にもつながる。ちなみに直訳すると「反則の日」「ズルの日」となる。なお、チートデーといえども脂質の多い食事は控える人が多く、食事制限をゆるめるという捉え方が適切かもしれない。また、1食だけの食事内容に限定した「チートミール」もあり、ボディメイクコンテストの競技者などが行うのは、こちら

のほうが主流。ダイエットを継続させる方法としても取り入れられている。がんばっている日があってこそのチートデーである。

ちあとれ

【チアトレ】

チアリーダーは、チアダンスと競技チアがあり、後者をチアリーディングともいう。ボディメイクコンテストに出場している元チアリーディング選手が提唱するトレーニングを「チアトレ」ということがある。チアリーディングは応援する目的もあるため、トレーナーに応援してもらうパーソナルトレーニングをさすこともある。

ちからこぶ

【力こぶ】

腕を曲げると、もっこりと盛り上がる部分のこと。上腕二頭筋が収縮することでできる。大きな力こぶは筋力の象徴的な存在であるため、力を表現する際のシンボルマークとしてもよく使われる。また、熱心に尽力することの意味で「力こぶを入れる」という言葉は、筋肉と精神の結びつきを示す一例だ。なお本書のページ両端にあるイラストは、力こぶに五十音の文字をあしらっている。

ちぎりぱん

【ちぎりパン】

割れた腹筋の比喩表現。ちぎりパンは凹凸がはっきりしているため、絞りこんだだけでなく、腹直筋の肥大も求められる。こんがり焼いた茶褐色の色味も、ボディメイク競技者の焼けた肌に見立てられる要因。ふわふわもちもち食感のちぎりパンだが、腹筋はガチガチだ。

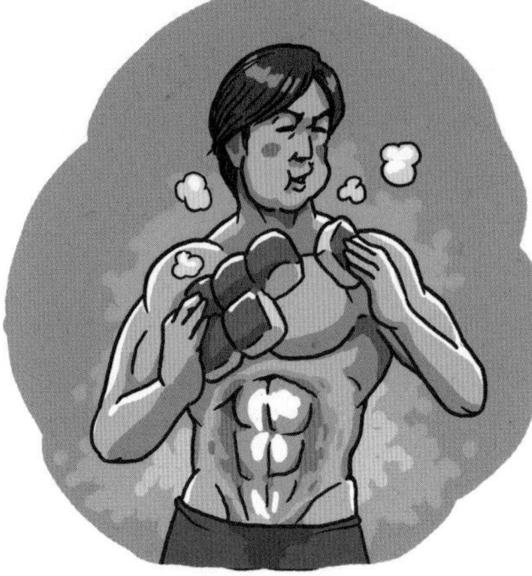

ちけっと

【チケット】

ボディメイクコンテストの観戦にはチケットが必要。大きなコンテストでは予約開始後すぐに売り切れてしまう。小さなコンテストではチケット販売の情報配信が大会の直前になることがあるので、主催者のWebページなどをまめにチェックしておく必要がある。当日券のない大会もあるので注意しよう。

ちゃりつうきん

【チャリ通筋】

筋トレと時期を同じくしてブームとなり、その熱が継続されている自転車。ロードレース用の自転車も大人気で、企業の働き方改革のひとつとして自転車通勤を認めているところも少なくない。移動手段としてだけではなく、筋トレを目的にするものを“通筋”という。自転車をこぐのは全身運動で体幹が鍛えられ、特にお尻や太もも、ふくらはぎが使われる。エアロバイクのトレーニングは、通勤でまかなえるわけだ。

ちゅーぶとれーにんぐ

【チューブトレーニング】

筋肉にゴムの張力による負荷をかけるトレーニング。使い方はさまざまで、全身の筋肉を鍛えることができる。あらゆるスポーツで取り入れられ、チューブトレーニング専門のジムもある。ひも状のものや、輪っかになったハンドタイプのもの、両脇にハンドルがついたものなど、製品の種類も豊富。

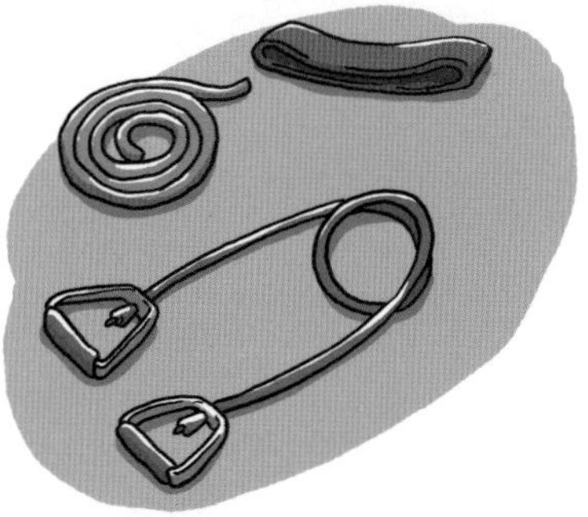

ちょいとれ

【ちょいトレ】

ちょっと空いた時間にトレーニングをすること。または短時間のトレーニングのこと。時間の尺度は人によって違い、30分間行っても“ちょいトレ”と表現する人もいる。「空いた時間にトレーニングするというくらいの感覚でよい」(byバズーカ岡田)。

ちょうかいふくりろん

【超回復理論】

筋肉は負荷をかけることで一時的に損傷し、それが修復することでもとの状態よりも大きく強く回復する。これを継続するのが肉体の鍛錬であり、筋肉が以前より向上したタイミングで、次のトレーニングを行うと効率がよい。これを超回復理論という。徐々に肉体が成長していくという考え方で、トレーニーの教訓でもある。しかし、トレーニングを続けていると筋肉量の伸び方はゆっくりとなり、この理論通りにはいかなくなる。

ちょうごうきん

【超合金】

鉄、亜鉛、マグネシウム、銅などの素材を合わせた金属のことで、鍛え上げられた肉体の表現に使われる。1970年代にアニメや戦隊もののロボットなどの素材として使用されたものを超合金玩具といい、メッキ加工されており、光沢があるのが特徴。かたい肉質と黒光りしている肌を金属に喩えることで、人間離れした肉体を称えている。

ちょうごうきん きっくぼくさー

【超合筋キックボクサー】

ムエタイ、K-1などで活躍したキックボクサー・武田幸三氏の異名。試合に必要になる筋肉だけを抽出したような肉体を超合金に喩えられた。現役引退後も肉体を鍛えながら、俳優業も行う。また、キックボクシングジム「TAKEDA GYM」の代表を務め、キックボクシングの発展に貢献している。

ちょきん

【貯筋】

お金を貯める“貯金”になぞらえた言葉。しかし、お金は使わなければ残って利子分が増えるが、筋肉は使わなければ維持もできず減っていく。使い続けることで貯まるのが「貯筋」の特性である。

ちょこざっぷ

【チョコザップ／ chocoZAP】

完全個室のマンツーマントレーニングで人気を博すRIZAP（P172）が2022年7月から展開するコンビニジム。一般のフィットネスクラブより低価格の月額設定で、24時間365日利用可能。1日たった5分の“ちょいトレ習慣”が叶うなど、利用者それぞれの目的を果たしやすく、店舗数、会員数とも増加の加速が止まらない。

ちよのふじ

【千代の富士】

第58代横綱。通算1,000勝をはじめて突破し、幕内最高優勝は31回を数え、昭和最後の大横綱として、その栄光は記録だけでなく、人々の記憶に鮮明に残っている。また、1989年に大相撲で初となる国民栄誉賞を受賞した。輝かしい記録とともに残っているのが、鍛え上げられた肉体だ。引き締まった筋肉と相手に襲いかかる取り口から「ウルフ」の異名を持った。2016年他界。

ちんあっぷ

【チンアップ】

鉄棒（ポール）を逆手で持って懸垂するトレーニング。あご（チン）をポールの高さまで上げることが名前の由来。別名は「リバース・グリップ・プルアップ」。筋肉量や筋力が高まるのは主に上腕二頭筋や広背筋となる。また、順手で持って行う懸垂を「プルアップ」と呼ぶ。

ついすと

【ツイスト】

筋トレやストレッチにて身体をひねる種目のこと。ツイストすることで普段使われにくい筋肉が刺激される。日常生活では身体を前後、左右、上下には動かすが、ひねる動きは意外にしていない。

つなかん

【ツナ缶】

タンパク質が豊富なため、トレーニーの定番食材である。低糖質、低脂質なので夜の食事にも重宝される。そのまま食べられる手軽さと、さまざまな料理に合わせられる使い勝手のよさも魅力で、サバ缶とともにロングヒット食材となっている。

つなひき

【綱引き】

運動会の定番種目。競技としても確立されており、日本綱引連盟主催の全国大会では、鍛え上げられた肉体を持つ選手が揃う。後傾した体勢で行うため、全身の筋肉の瞬発力と持久力の両方が求められる。綱引きの始まりは、紀元前2500年のエジプトまで遡り、綱引きの姿が壁画に残されている。日本でも古くから五穀豊穣の儀式とされた。

つる

【つる】

筋肉は“縮める”“ゆるめる”という脳からの指令を受けて動くが、ゆるんだ状態のときに脳から“縮める”と急に指令が出ると、筋肉が痙攣してしまう。この症状を「つる」という。激しい運動中に起こるものもあれば、安静時に発生することも。こむらがえりもつった状態のひとつの症状。

ていたいき

【停滞期】

筋肉の発達が止まり、筋肉量や筋力の伸びが停滞する時期のこと。「プラトー」ともいう。同じ強度や負荷のトレーニングを続けていても変化を期待できないため、トレーニング内容、食事内容を改めるなどして、筋肉へのアプローチを変えることで、停滞期を打破する。ボディメイクのみならずダイエットにも停滞期があり、ここで挫折する人も少なくない。

でぃふぃにしょん

【ディフィニション】

皮下脂肪がなくなり、身体が引き締まって筋肉の輪郭がよく見える状態のこと。筋肉のキレやカットはこの状態で生まれるもの。カット（P50）やセパレーション（P94）、ストリエーション（P90）を総称した言葉でもある。いくら筋肉を大きくしてもボディメイクコンテストでは、肉体の“鮮明さ”が欠けると審査で減点となる。

でかい

【デカい】

筋肉の大きさは「バルク」といい、筋肥大を「バルクアップ」ともいう。そんな筋肉の盛り上がった状態に思わず出てしまう声が「デカい」だ。デカさは面積だけで測れるものではなく、厚み（体積）も重要だ。ボディビルの大会の声援では、もはや定番のかけ声である。

でかごつうでどけい

【デカゴツ腕時計】

面積が大きく、厚みのある文字盤の腕時計のこと。細い腕に装着した場合、時計だけが悪目立ちし、腕が余計に貧相に見えてしまう。デカゴツ腕時計が似合うのは、太く引き締まった腕だ。「マッチョ腕時計」とか「マッスル腕時計」と呼ばれることもある。価格は高額なものが多いが、比較的手頃な価格の商品もある。

でじたるぶらじゃー

【デジタルブラジャー】

背中の部分にGPS（全地球測位システム）デバイスが固定されたブラジャータイプのウエア。サッカー選手をはじめあらゆるスポーツで取り入れられている。「走行距離」「走行スピード」のほか、「加速・減速」「体の傾き」などが計測され、トレーニングのパフォーマンス分析だけでなく、ケガを防止するためのデータとしても活用される。筋肉の負荷を確認することにも役立てられるのだ。

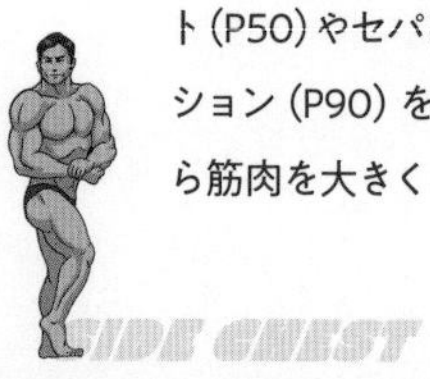

てすとすてろん
【Testosterone】

X（旧Twitter）フォロワー数200万人超えの筋トレ啓蒙家。執筆活動もしており、筋トレを推しまくって、関連書籍の累計は100万部突破。アメリカへの留学時に筋トレで人生が変わった経験をいかし、筋トレを文化として日本に広める活動をしている。SNSでの情報発信、執筆活動、「筋トレ/ヘルスケアアプリOWN.」の開発など活動は多岐にわたる。スーツにサングラスのマッチョなイラストを肖像画として書籍や雑誌などにたびたび登場。口癖は「筋肉は裏切らない！」である。

©福島テンタ

てすとすてろん
【テストステロン】

筋肉づくりをはじめ、肉体と精神にさまざまな作用を持つ男性ホルモン。男性の精巣でつくりだされるが、加齢とともに減少する。産生を高めるには、規則正しい生活、食事、睡眠、そして筋トレだ。筋トレをしてテストステロンの産生を促進し、それがまた筋肉づくりにいかされるという好循環が生まれるのだ。また、女性も少量だが副腎や卵巣でテストステロンがつくりだされている。なお、テストステロンを外部から補充した場合は ドーピング検査対象となる。

てつげた
【鉄下駄】

1970 ～ 80年代に数多く発売された家庭用健康器具の代表格。片足で2kgや5kgといった重量になる鉄製の下駄をはき、下半身のウエイトトレーニングを行う。この下駄をはいて外出する人もいたそうだが、歩きにくいだけでなくケガの危険性があり、また建物に入った場合は床を傷つけるので推奨されない。

てつじんのくに
【鐵人之國】

東北・北海道ボディビル選手権の大会名。2000年に始まり、毎年、山形県の鶴岡市で開催されている。同市内のボディビルジム「パワーゲート」の主催によるもので、鶴岡市をボディビルの盛んな町にすること、競技としての普及を目的としており毎年企画されている。

でっどりふと
【デッドリフト】

ベンチプレスやスクワットと並ぶ、筋トレ「BIG3」のひとつ。下半身および体幹の筋肉を使い、主に背中、臀部、ハムストリングを鍛えることができる。「デッド＝死」と勘違いしている人もいるが、「デッドウェイト（静荷重）」を持ち上げることが名称の由来。パワーリフティング競技の種目名でもある。

てつぼうきんとれ
【鉄棒筋トレ】

鉄棒を使用したトレーニング。チンニング（懸垂）のほか、鉄棒にぶら下がり、両足を持ち上げてつま先で鉄棒にタッチして腹筋を鍛える「トー・トゥー・バー」などさまざまな筋トレ種目がある。公園で行う場合は、遊戯目的の子どもを優先しよう。

でりばりーまっちょ
【デリバリーマッチョ】

飲食店の商品を配達するサービスが普及しているが、その配達員にマッチョを取りそろえたサービスがある。商品の受け取り後に上着を脱いで筋肉を見せてくれたり、撮影をさせてくれたりといったオプションサービスを行うところもある。肉体を鑑賞したあとは、料理で食欲を満たす。また、通常の配達員にもマッチョな人が多いため、通常のデリバリーでマッチョに当たる可能性も低くない。

でんきしげき
【電気刺激】

筋肉および神経への電気刺激は医療現場でも活用されている。電気刺激によって強制的に筋肉が収縮する。この電気刺激は、普段あまり動かさない筋肉やインナーマッスルを鍛えられるものとして期待されている。「Electrical Muscle Stimulation（電気的な筋肉への刺激）」の頭文字をとって「EMSトレーニング」とも呼ばれる。専用のボディスーツを着用してトレーニングをするジムもある。

てんこう
【転向】

スポーツ選手がボディメイクの競技に転向するケースはよくある。また、ボディビルからフィジークへ、その逆の転向もあり、目指すべき肉体に合わせて競技カテゴリーを選べるのもボディメイク業界が発展している証しともいえよう。ボディメイクには複数の団体があり、ほかの団体に転向して選手登録するのもよくあるケース。ちなみに2019年「JBBF 日本ボディビル選手権」優勝の横川尚隆氏（P171）は元フィジーカー。

てんさろ

【天サロ】

太陽光で日焼けをする、天然サロンの略語。メリットはお金がかからないこと。デメリットは、紫外線をコントロールできないことと、全身を焼けない（全裸になれない）ことだ。また、日差しの強さの違い、気温の変化などによって一年中同じように焼くことができない。ただ、太陽の特性と肌のケア方法を理解しておけば、日焼けサロンと併用してタンニング（P101）できる。

とうきょう わーくあうとですらん

【TOKYO WORKOUT DEATHRUN】

世界中で人気を博すオンラインゲームのFortnite（フォートナイト）に登場した「筋トレ」がテーマのゲーム。開発したのは、メタバースを制作する株式会社 NEIGHBORと、「筋トレ／ヘルスケアアプリ OWN.」創始者の Testosterone 氏（P107）。筋トレ器具が点在するアスレチック施設が舞台で、空中に浮いたダンベルに飛び移ったり、障害物として立ちはだかる巨大化したプロテインやバーベルを避けたりしながらゴールを目指す。なお、プレイヤーはミッションに失敗する度に現実世界でスクワットをするペナルティ（いやむしろご褒美？）があり、運動不足を解消できる秀逸なゲームである。

とうしつ

【糖質】

炭水化物から食物繊維を除いた栄養素の総称で、体内で吸収される最も使いやすいエネルギー源である。糖質と一緒にタンパク質を摂取した場合、エネルギー消費には糖質が優先され、脂質やタンパク質の消費が抑制される。またタンパク質合成が促進され、筋肥大に重要である。一方で糖質を過剰に摂取した場合、エネルギーとして消費されなかったものは中性脂肪として体内に蓄えられ、肥満や生活習慣病の原因になってしまう。

とうりつ

【倒立】

逆立ちのこと。全体重を支えるため肩や腕に大きな負荷がかかり、さらにバランスを保つために股関節まわり、内もも、背中の筋肉も必要で、なにより体幹の安定性が求められる。最初は壁に足をつけたり、人に補助してもらったりするとよい。倒立しての腕立て伏せを「ハンドスタンドプッシュアップ」といい、ステッパーを使用して行うことが主流。

とぐろおとうと

【戸愚呂弟】

1990年から『週刊少年ジャンプ』（集英社）に連載され、テレビアニメでも人気を博した『幽★遊★白書』（著者：冨樫義博氏）に登場するキャラクター。筋肉操作の能力を持つ妖怪。20％程度でボディビルダーなみの肉体となり、フルパワーだと人間の姿からかなりかけ離れた姿になる。多くの個性的なキャラの中でも特にインパクトを残している。

©Yoshihiro Togashi 1990-1994

とざん

【登山】

体力に自信がある者でも歩き慣れていないと、筋肉疲労に悩まされる。特に下山は大腿四頭筋に大きな負荷がかかっており、「膝が笑う（力が入らない状態）」状態になる。筋力不足もあるが、歩幅を小さくして呼吸リズムを整えながら歩くという技術がないのも原因。脚だけでなくインナーマッスルである腹横筋も使われるので、体幹のバランスも必要だ。登山家は大きな荷物を背負って移動するので、日常的に筋トレを行っている。

とっぷれすまっちょ

【トップレスマッチョ】

すぐに上半身裸になるマッチョのこと。フィットネスクラブやジムのほとんどで、上半身裸になることを禁止している。周囲に見せたいのではなく、自身の筋肉を確認しながらトレーニングしたい場合、完全個室型のジムを利用するのも一手だ。また、ストリートワークアウト（P90）においても、公共の場であることをわきまえるべき。アメリカのロサンゼルスにある「マッスルビーチ」（P152）では上半身裸のマッチョが多いが、これはビーチという場所だから許されているのだ。

どらい

【ドライ】

皮下水分が限りなく抜けた状態。皮膚が薄く見え、カットも出るため、ボディメイクコンテストの審査で評価が高くなる。「ドライ感が出ている」などと使われる。この状態に仕上げるために水抜き（P157）や塩抜き（P78）を行う。

とらいせっとほう

【トライセット法】

ひとつの筋肉に対し、3種目のトレーニングを連続で行い、1セットとする方法。インターバルを挟まずに行うので負荷がかかり続けるが、筋肉が追いこまれていることで効果が高まる。また、同じ種目を続けるより変化をつけることで停滞期の打破につながり、精神的な刺激も得られて継続しやすい。

どらいたんく

【ドライタンク】

吸水力や速乾性、通気性に長けたタンクトップのこと。伸縮性もあるのでトレーニングライフが盛り上がる。トレーニング途中に着替えることもなくなり、集中して筋肉を鍛えられる。

どらいやー

【ドライヤー】

フィットネスクラブやジムで、スパやシャワーのあと、髪の毛を乾かすのに使うもの。パウダールームに共有のドライヤーが設置されていたり、貸し出しできたりするが、風圧などの機能性に満足がいかないことで持参する人もいる。ただし、持ちこみ禁止の施設もある。

とりがーぽいんと

【トリガーポイント】

引き金のこと。筋肉の不調のトリガーポイントのひとつは、水分を失って柔軟性がなくなった筋膜。医学的にはトリガーポイント療法というものがあり、セルフケアとしては筋膜リリースがある。不調を改善するには、まずはトリガーポイントを探りだすことだ。

とりむねにく

【鶏むね肉】

トレーニーの定番の食材。タンパク質の含有量はささみとほぼ同じ。脂質はささみより多く含まれているが、ボディメイクの競技者レベルの減量を追求しない限りは低脂質の部類に入るので、気にするほどではない。また、むね肉にはイミダペプチドという疲労回復に作用する成分が含まれており、安価で調理の幅が広いことから日常的な食事に適した食材といえる。

とれーなー

【トレーナー】

広義ではスポーツトレーナーのことで、種類はさまざま。例えば、ジムでの指導や補助に当たる人を「フィットネストレーナー」という。そのほか、スポーツ選手の健康管理や外傷・障害予防、外傷・障害の応急処置、リハビリテーションや体力トレーニング、コンディショニングなどを担当する医療従事者を「アスレティックトレーナー」と呼び、１対１で個人のニーズに合わせたトレーニング指導やプログラムを提供するトレーナーを「パーソナルトレーナー」呼ぶ。ちなみに技術指導を主とする人はインストラクターと呼ばれる。

とれーにんぐぐろーぶ
【トレーニンググローブ】

トレーニング器具を使う際に手が滑らないように、またマメができないようにするための手袋。ジムによってはレンタルもあるが、衛生面の意識が高くなった今日、自分専用のグローブを持っておくとよい。レザー素材、合成素材と素材や価格はさまざま。人によってはグローブをつけることで、「これから鍛える！」というモチベーションアップにもつながるそうだ。

とれーにんぐべると
【トレーニングベルト】

ウエイトトレーニングをする際に腰に装着するベルト。腰にかかる負担を軽減してケガを防ぎ、全身の力を伝えやすくする効果がある。スクワットやデッドリフトなどの体幹部の安定性が重視される種目で効果を発揮する。パワーリフティングを行う際に装着されるため、「パワーベルト」とも呼ばれる。

どろーいん
【ドローイン】

呼吸によって腹部を凹ませ腹横筋などの腹部のインナーマッスルを鍛えるトレーニング。ストレッチや筋トレに組み合わせることで、より効果が高められる。もともとは腰痛予防に対して考えられたエクササイズのひとつである。

どろっぷいん
【ドロップイン】

フィットネスクラブやジムに会員登録せず、1回限りで利用すること。定期的に通えない場合に便利。なお、「ビジター利用」と呼ばれることもあるが、施設によって都度利用できるプランがあるなど、意味合いは異なる。

どろっぷせっと
【ドロップセット】

最初は重い重量を扱って1セットを行い、その後、少し重量を下げてさらにもう1セットを行う。これをインターバルなしで繰り返し、筋肉を追いこんでいく。短時間で限界まで筋肉に負荷と刺激を与えることができる。別名「ディセンディングセット」。ケガやオーバーワークのリスクを避けられるメリットもある。

筋肉迷信

歳をとると筋肉痛が遅れてくる？

筋肉の損傷と修復や回復のバランスによって、痛みが出るタイミングが決まってくる。年齢とタイミングの関連性において科学的な根拠はない。少し遅れたころにやってくる筋肉痛を「遅発性筋肉痛(DOMS)」といい、「ドムス」とも呼ばれる。有酸素運動などでは筋肉への負荷が小さいため、筋肉が損傷しにくく筋肉痛が比較的遅く出てくる傾向にある。

な

ないす○○
【ナイス○○】

ボディメイクコンテストで「ナイスバルク（いい筋肉の大きさ）」や「ナイスカット（よくキレている）」というのは定番のかけ声。「ナイスマッスル」と全体的に称賛することもある。これは大会のかけ声に限ったことではなく、トレーニング中にトレーナーから「ナイス○○」と声をかけられることで、トレーニーはモチベーションを高めている。

ないすばでぃ
【ナイスバディ】

すばらしい体型のこと。定義はないが、プロポーションのよい女性に使われることが多い。「ナイスボディ」ともいう。ちなみに7月8日は「ナイスバディの日」として日本記念日協会が認定している。

ながいき
【長生き】

筋肉量が多いほど長生きするといわれている。健康を脅かす病気の有病率が低くなる、認知症の発症率が低くなるという研究報告もある。いずれにしても筋トレが健康に与えるメリットは大きい。昨今、健康寿命が重要視されているが、筋力があれば自力で行動でき、人との交流も増えて脳が活性化され、生活の質を長く継続させられると考えられる。

なかま
【仲間】

一緒に筋肉をいじめてくれるトレーニングパートナーを「筋肉仲間」、フィットネスクラブやジムで知り合った人を「ジム仲間」ともいう。とはいってもトレーニング中に声をかけるのは御法度。ジムによってはイベントや懇親会を催しているところもあり、トレーニーの交流をはかっている。またボディメイクコンテストでほかの選手たちとのつながりが生まれ、ライバルといえど情報交換をしながら切磋琢磨している。

なかやまきんにくん
【なかやまきんに君】

1978年、福岡県生まれ。筋肉界の牽引者的存在。ボディビル選手としての登録名は本名の「中山翔二」。2000年にお笑い芸人としてデビューし、数々の筋肉ネタを生み出した。2006 ～ 2011年にはアメリカ・ロサンゼルスにて筋肉留学を行い、サンタモニカカレッジ運動生理学部を卒業。2022年には全日本マスターズボディビル選手権大会（男子40歳以上の部）6位となる。ボディビルダーとお笑い芸人の二刀流を使いこなし、さらには筋肉実業家として、プロテインやトレーニングウエアなどのプロダクトプロデュースも行っている。

SIDE TRICEPS

ながらきんとれ

【ながら筋トレ】

なにかをしながら筋トレをすることで、大きく3つに分類できる。1つ目は、音楽を聴きながら、マシンについたモニターの映像を見ながら筋トレをするケース。2つ目は、電車移動しながら、ウォーキングしながら筋トレをするケースで、時間を有効活用したもの。3つ目は、テレビを見ながら、スマホをいじりながら筋トレするケース。筋トレの効果を高めるには、負荷をかけている筋肉を意識すること。その点、3つ目のながら筋トレは、主体が筋トレ以外にあるため効果は落ちる。

なちゅらる

【ナチュラル】

ステロイドを使用せずに、身体をつくり上げること。JOC（日本オリンピック委員会）唯一の認可団体であるJBBFは、ナチュラルのみを絶対とする。

なっとう

【納豆】

タンパク源として定番の食材で、アミノ酸スコアは、肉類や魚、卵と同様に100という最高値。ネバネバ成分に含まれる酵素のナットウキナーゼは血流改善の働きもあり、代謝アップにつながる。

なつほんばん

【夏本番】

鍛え上げた筋肉をお披露目する時季が到来したこと。イメージとしては、「夏だ！ 海だ！ 筋肉だ！」と叫びながら衣服をどんどん脱いでいく。言葉の本来の意味は「梅雨が明け、1年のうち暑さや日差しの強さが頂点近くに達した状態」である。

なましぼり

【生搾り】

主にレモンなどの柑橘系を半分に切り、握り締めて果汁を搾ること。マッチョなら勢いよく、すべての果汁を搾りだせる。レモンサワーをつくる際に、マッチョ店員による生搾りパフォーマンスをするお店もある。握力の強いマッチョはりんごもつぶせるので、果汁100%生搾りリンゴジュースもつくれるだろう。

なやみそうだん

【悩み相談】

フィットネスクラブやジムには、カウンセリングなどのサポートサービスを整えているところも多い。またパーソナルトレーナーがトレーニーの悩みを聞くことも。身体を鍛えるだけでなく、心を安定させる場として利用する会員も少なくない。

ならいごと

【習い事】

筋トレはもはや定番の習い事。個人でもグループでも、鍛え方を教わることでより効率的に楽しくトレーニングできる。筋トレのほか、ヨガ、ピラティス、ダンスなどを含めたフィットネス系全般を含めると、習い事ランキングの上位に入る。

なわとび

【縄跳び】

重さのあるトレーニング用縄跳びを使用したトレーニングなら、有酸素運動による脂肪燃焼と下半身の強化のほか、上半身にも負荷を与えられる。フィットネスクラブやジムで取り入れているところもあり、光る縄跳びを使った暗闇フィットネスもある。両端を結んだタオルを両手それぞれで持ち、縄跳びの代用にすることもできる。

におい

【におい】

フィットネスクラブやジムでの悩みのひとつ。ウエアの汗のにおい、シューズのにおいなどの対策はマナーだ。ウエアやシューズはロッカーに置きっぱなしにしないこと。頻繁にトレーニングする人は、シューズは複数個を使い回すことを心がけたい。

にくあつまだい

【肉厚マダイ】

京都大学が開発した筋肉量が多いマダイ。かつては「マッスル・マダイ」と呼ばれていたが、ドーピングの筋肉増強剤を連想させるなど、化学物質のイメージがあることから改名された。タイは縁起物。タンパク質が豊富なこともあって、トレーニーのお祝いの席にもあつらえ向きの食材だ。

筋肉雑学

長すぎる筋トレ名

トレーニングの名称は横文字が一般的のため、長い名称のものもある。その中でも「インクラインスミスマシンリバースグリップベンチプレス」という種目は、覚えるだけでも大変。途中で「インクラインスミマセン……」とかんでしまいそうだ。「インクラインベンチプレスのリバースグリップ」とすればいいやすい。このベンチプレス種目は、逆手グリップで斜め上方にシャフトを押し出す内容で、大胸筋を鍛えるのに効果的。早口で10回かまずにいってみよう。滑舌も鍛えられるかもしれない。

にくじゅばん
【肉襦袢】
肉厚な体を描写するために綿を詰めこんだ衣服。半ば着ぐるみに近いものもあり、コスプレに使用される。力士やマッチョのコスプレものが多い。なお、本来は演劇などで用いられる肉色の下着のこと。

にくたいかいぞう
【肉体改造】
食事や生活習慣を見直したり、筋力トレーニングや有酸素運動をしたりして、自身を理想の身体につくり変えていくこと。スポーツの世界で行われることが多かったが、昨今では多くの一般人も取り組むようになった。肉体改造を始めるのに、年齢制限はない。自身が望めば、誰でもいつからでも理想の肉体を追い求められる。

にくたいび
【肉体美】
肉体の美しさで、定義はない。豊麗な体、筋骨隆々の体など、男女に関係なく使われ、顔を含まない表現であることは共通している。ちなみに日本映画の巨匠・小津安二郎氏の映画作品『肉体美』（1928年）では、筋肉質の男性と、豊満な女性が絵画のモデルになる設定で、肉体美について考えさせられる。

にくだんごじょうたい
【肉団子状態】
ボディビルの大会で出場選手全員がステージに集まった光景。選手一人ひとりの筋肉の部位を肉団子と表現することも、全身をひとつの肉団子と表現することもできる。

にくだんせん
【肉弾戦】
肉体を弾丸の代わりとして戦うこと。格闘技やラグビー、アメリカンフットボールの試合などで、選手が肉体と肉体をぶつけ合いながら競技する意味合いとしても使われる。大相撲の立ち会いは、常に肉弾戦といえよう。相撲部屋（稽古場）にトレーニングマシンを完備しているところも増えているそうだ。ちなみに元格闘家のボブ・サップ（P149）は、当時「暗黒肉弾魔神」という異名も持っていた。

にくづき
【肉づき】
筋肉の盛り上がった状態のことで、鍛錬さ

れた肉体を称賛する言葉。ただ、太った体型に対して使うこともある。肉には筋肉と脂肪の両方の意味合いがあるので、使い方に注意。

にじゅうくにちのきんようび

【29日の金曜日】

筋肉を考える日。「金(筋)29(肉)」ということで、森永製菓株式会社が制定。2017年に日本記念日協会により認定・登録もされている。まだ広くは浸透していないが、フィットネス関係の企業や団体でイベントを開催しているところもある。毎年、必ず1回は29日の金曜日があるので、トレーニーは暦を意識しておこう。ちなみにこの日は、「キン肉マンの日」でもある。

にほんぼでぃびる・ふぃっとねすれんめい

【日本ボディビル・フィットネス連盟／JBBF】

日本のボディビルの礎を築き、徹底したアンチドーピングを掲げながら、日本唯一のボディビル・フィットネス競技団体として育成・普及を続ける団体。1955年に日本ボディビル協会として設立。以降、ボディビル大会の開催や海外の大会への選手派遣などを行っている。1992年、日本のボディビル活動を統括する競技団体として当時の文部省より認定を受け、社団法人化。2013年に公益社団法人に組織を移し、日本ボディビル・フィットネス連盟に改称した。2001年に日本オリンピック委員会の加盟団体、2021年に日本スポーツ協会の加盟団体として承認された。主な大会は、「日本男子ボディビル・女子フィジーク選手権大会」「JBBF FITNESS JAPAN GRAND CHAMPIONSHIPS」「日本クラス別選手権大会」「オールジャパンフィットネスチャンピオンシップス」「日本マスターズ選手権大会」「日本ジュニア選手権大会」「全国高校生選手権大会」「日本クラシックボディビル選手権大会」「日本クラシックフィジーク選手権大会」「JAPAN OPEN選手権大会」「SPORTEC CUP」。地方大会を勝ち進んだ選手が出場できる大会もあり、レベルの高い選手が日本一を目指す。また、2024年12月　に「IFBB WORLDWOMEN'S CHAMPIONSHIPS & MEN'S WORLD CUP」が東京で行われ、JBBFの選手が世界と争う。

にゅうさん

【乳酸】

筋肉の収縮にはエネルギーを要するが、エネルギーを供給する過程で糖が分解され、その際に乳酸が生成される。疲労物質とされることがあるが、科学的には不正確で、むしろ乳酸はエネルギー供給に再利用されるものであり、さらには筋肉づくり（筋肥大）に貢献する物質と考えられている。ただし、乳酸が蓄積すると体内が酸性に傾き、それが一時的な疲労に関与しているという側面はある。

にょうもれ

【尿もれ】

骨盤底筋群の筋力低下が原因のひとつ。健常であれば骨盤底筋群が反射的に尿道口を締め、尿を止めてくれる。尿もれは筋トレ推奨のサインともいえよう。骨盤底筋をトレーニングし続けると、尿もれの予防・改善の効果を期待できる。

にんかつえくささいず

【妊活エクササイズ】

妊娠しにくい人の特徴のひとつに身体の冷えがあり、それを改善・予防するには血流促進が有効である。運動が血流を促す効果があることからさまざまなエクササイズが取り入れられており、筋トレもそのひとつ。特にインナーマッスルを鍛えることが効果的だとされる。

にんげんこいのぼり

【人間鯉のぼり】

「ヒューマンフラッグ（人間旗）」というトレーニングの別名。ポールをつかんで旗のように身体を水平方向横向きにキープする技で、全身の筋肉を駆使する。童謡の鯉のぼりの歌詞のように「おもしろそうにおよいでる」というふうには見えない。

にんちしょうよぼう

【認知症予防】

筋力トレーニングや有酸素運動などを行うことで血流や神経伝達物質の機能が向上し、脳が刺激を受けて活性化することから、認知機能の低下を予防するとして注目されている。また、運動を習慣化することで外出が増え、人との交流が生まれやすくなり、五感すべてが刺激されて脳がより活性化する。

にんにくまんすけ

【ニンニク満助】

1977年から発売されている「ビックリマンチョコ」（ロッテ）の付録であるビックリマンシールのキャラクター。プロレスラーコスチュームで大鋸筋が発達している。ただ攻撃は「強力ニンニクコロンで悪魔をしびれさせる」という技のみで、筋肉を使うことはない。お守りシールとしての価値がある。

©LOTTE/ビックリマンプロジェクト

にんぽうきんにくづくり

【忍法筋肉づくり】

アニメ『忍者ハットリくん』の一話「#452 忍法筋肉づくりはニンニンでござるの巻」にて、木の枝の両端に石を結びつけてバーベルに仕立てるなど、独特の筋トレが繰り広げられている。武士の中でも特殊部隊とされていた忍者がどのように肉体を鍛えていたかは、歴史書には残されていない。

ぬーどもでる

【ヌードモデル】

デッサンなど芸術作品の美術モデルに筋肉ボディが採用されることがある。筋肉の盛りやキレなどは近くで見てこそ。モデルにはジムのインストラクターや、ボディメイクコンテストに出場している選手もいる。作画には時間を要するため、同じポージングをし続けるのに筋肉に負荷がかかっているだろう。

ぬあっと・たい
【ヌアット・タイ】
ユネスコ無形文化遺産に登録されたタイ古式マッサージのこと。タイマッサージは「農業で筋肉痛になった村人が施術者にマッサージしてもらうという、かつてのタイの農民社会におけるセルフケアに根づいたもの」だと評価されている。日本でも普及しており、筋トレ後のケアに取り入れているトレーニーもいる。

ぬいだらすごい
【脱いだらすごい】

男女関係なく、衣服の下に隠れた筋肉を持つ人、特に細マッチョに多く、夏場の薄着や水着姿になったときに見る者を悩殺する。こうした肉体の持ち主を「隠れマッチョ」とも呼ぶ。

ぬきうちけんさ
【抜き打ち検査】
スポーツ競技でのドーピング検査は、競技終了後に行われる「競技会検査」と、競技会とは関係ない日常生活の中で行われる「競技会外検査」がある。JBBFも日本アンチ・ドーピング機構（JADA）の規則に則り同様の検査方式をとっている。つまり、大会当日だけでなく、日々トレーニングしているときからフェア精神が求められるのだ。こうした徹底した取り組みがあるからこそ、大会でその肉体に称賛が起こるともいえよう。

ぬりし
【塗り師】
かつてはボディメイクコンテストではボディカラーの使用が認められており、クリームタイプの塗料などを塗る専門の人がいた。現在は多くの大会でボディカラーリングの規定があり、競技直前にカラーリングをすることはなくなった。一方、競技前日までに、より筋肉を鮮明に見せるために塗り師によるスプレー式のカラーリングが行われることもある。

筋肉雑学

二の腕は一番目の腕

肩から肘までの部位が二の腕だが、古い辞書には肩から肘までを「一の腕」、肘から手首までを「二の腕」と掲載されていたらしい。これが誤用だったともいわれている。さまざまな説があるが、肘から手首までを「腕」と呼ぶようになり、肩から肘までは“第二の腕”となった説が有力ではなかろうか。また、上腕の外側の部位である上腕三頭筋は、日常生活で使われにくいためにたるみやすく、コンプレックスを持つ人が多い。

ねがてぃぶれっぷす

【ネガティブレップス】

筋肥大（P62）に効率的な筋トレ。例えば、ベンチプレスを、自力では上げられないところまで追いこみ、補助者の力で上げてもらい、下ろす際に自力で行う。トレーニング効果が停滞している際に有効で、筋肉が伸びながら力を発揮するエキセントリック収縮（P39）の反復トレーニングとなる。

ねこぜ あんど そりごし

【猫背＆反り腰】

胸椎が極端に湾曲しているのが猫背、骨盤が前側に倒れて坐骨が後ろに出っ張った状態なのが反り腰。この状態で運動をすると、アウターマッスルのみに負荷がかかってしまう。姿勢を矯正するには、インナーマッスルを鍛えることが有効とされる。逆にインナーマッスルを鍛えられていれば姿勢はくずれにくい。

ねこのきんにく

【猫の筋肉】

猫は速筋（P96）が発達しており、瞬発力やジャンプ力に長けている。動物界の短距離や跳躍のトップアスリートである。また猫が身体を伸ばす様子を真似した「猫伸びストレッチ」は、肩甲骨まわりの筋肉がほぐれる。

ねじれきん

【ねじれ筋】

インナーマッスルがかたく、縮こまった状態をさす。それによってミトコンドリアが減少する。あさひ整骨院日本橋浜町院院長の今村匡子氏の発案による言葉で、著書の『「やせたい」なんてひと言もいってないのにやせた1分ねじれ筋のばし』（サンマーク出版）はベストセラー書籍。ストレッチによってねじれ筋を正常に戻し、脂肪が落ちやすい体質にするメソッドだ。

ねすた ぱーそなる・ふぃっとねす・とれーなー

【ネスタ パーソナル・フィットネス・トレーナー／NESTA PFT】

全米エクササイズ＆スポーツトレーナー協会が認定している資格で、世界中で通用する資格である。健康・フィットネス・ウェルネスのエキスパートを目指すことができる。なお同協会は、フィットネス・ウェルネスの世界で時代をリードするプロフェッショナルとしての人材育成を多角的に行っている。

ねずみ

【ねずみ】

筋肉の英語の「muscle」は、ラテン語の「musculus」が元で、これは「ねずみ」の意味。筋肉の収縮する様子が、ねずみの動きに似ていることが由来。ねずみは後ろ足の筋肉が発達しており、瞬発力に優れている。漫画・アニメの『鬼滅の刃』には「ムキムキネズミ」というマッチョなねずみキャラが登場している。

ねっきょうてきふぁん

【熱狂的ファン】

メジャーなボディメイクコンテストは常に満員御礼で、チケットの入手も難しい。観客の目的は競技を楽しむだけでなく、お目当ての選手の肉体を見ること。トップ選手には応援団もできている。またトップ選手のSNSやYouTubeの登録者数は伸び続け、

写真集やトレーニングDVDなども人気。ファンが増えることで、競技者のモチベーションが高まる。それに伴い大会も盛り上がりを見せる。ボディメイク業界の発展は、ファンが支えているといえる。

ねばねばせいぶん
【ネバネバ成分】

納豆のムチン、オクラのペクチンなどネバネバした成分は、疾病予防や疲労回復に効果的。ヤマイモ、めかぶ、もずく、なめこなども同様の効果がある。また、ネバネバ成分は「粘り」の意味合いから、粘りのある筋肉、精神面での粘りに結びつけられることもある。

ねんきんじゅきゅう
【年筋受給】

「年金」より、自分次第で手に入れられる筋肉のほうが、老後に豊かさをもたらすものかもしれない。退職後は時間にも余裕ができる。その時間を使って身体を鍛えれば、医療費や介護費用の削減にもなり、それは年金受給額を上回るものになるかもしれない。フィットネスクラブやジムによっては、一定の年齢から割引オプションを設定しているところもあり、年金を使って筋肉を受給するとよいだろう。

ねんしょうとれーにんぐ
【燃焼トレーニング】

筋肉量を増加させることで身体の基礎代謝が高まり、日常生活における体脂肪燃焼の効果も高まる。基礎代謝量が多くなった状態で有酸素運動を行うことで、体脂肪の減少を加速させることができる。「脂肪燃焼トレーニング」とも呼ぶ。

ねんてんりょく
【捻転力】

捻転とはねじれること。筋力や柔軟性を向上させ、ねじれる力を大きくすることで、競技に必要な回旋動作の筋力が高まる。ゴルフのスイングや野球のバッティングにおいて、捻転力の向上によって飛距離を伸ばすことができる。上半身と下半身の捻転差が高くした筋力発揮が重要だが、それぞれの捻転力を高めるには、特にインナーマッスルの強化や柔軟性の向上を目的とした筋トレやストレッチが効果的である。

ねんれいふしょう

【年齢不詳】

男女ともに身体は、加齢によって機能が低下する性質があり、衰えが見た目にも表れる。筋トレを行うことで肉体的な衰えが抑制され、基礎代謝が高まることから肌のコンディションもよくなる。特に引き締まった腹筋は､見た目を若く見せる最強の部位。スーツを着る場合、シャツをズボンに入れるが、ぽってりおなかだと一気に老けて見えるだろう。また、筋トレによって血流がよくなることから病気になりにくく、脳活性にも働くため、気持ちまでも若返る。生き生きとした佇まいが、周囲には実年齢よりも若く見えているのだ。

のーぶら

【ノーブラ】

身体に圧がかかることから、就寝時にブラジャーを着用しない人がいるが、バストにかかる重力をクーパー靱帯（バストの内側にある組織）や大胸筋のみで支えることになり、それらの部位を損傷させる可能性もある。近年、圧迫感がなくバストを保護するナイトブラが推奨されている。なお、ナイトブラをスポーツブラの代用として筋トレ時も着用している人もいる。

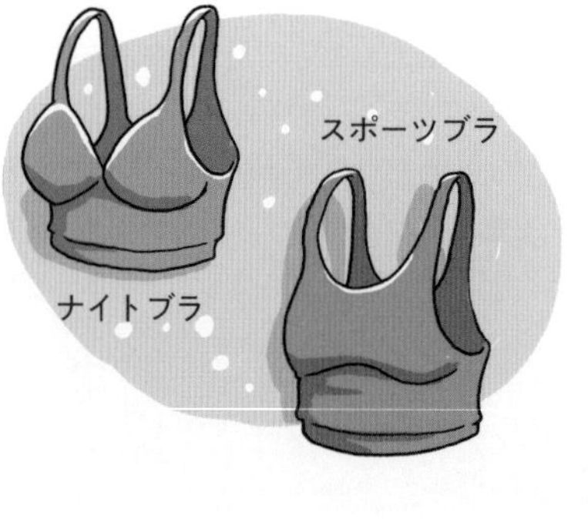

のーべるきんにくしょう

【ノーベル筋肉賞】

ボディメイクコンテストのかけ声のひとつ。生理学・医学賞、物理学賞、化学賞、文学賞、平和賞、経済学賞など、各分野で人類に最大の貢献をした人に贈られる賞であるノーベル賞。これに筋肉分野はないが、肉体による貢献度という意味合いで、選手に送られた言葉である。

のうぎょうきんとれ

【農業筋トレ】

千葉大生と千葉県長生郡長柄町に縁のある人が中心となって結成されたプロジェクトチーム「ながらとガラナと長柄町を元気にする会」による、農業と特産品PRをかけ合わせたプロジェクト。「農作業が筋力トレーニングになる」という動画がSNSでも話題になった。「ス鍬（くわ）ット」というユニークなトレーニング名もおもしろい。高齢者において農業活動をしている人は、サルコペニア（筋肉量の減少に伴って身体機能が低下している状態）の有病率が低いという研究報告もある。なお、「ガラナ」はつる性の植物で、このエキスを利用した炭酸飲料「ながらとガラナ いろはにほへと」は長柄町の特産品である。

のうきん

【脳筋】

「脳みそまで筋肉」を略した言葉で、「考えるよりも先に身体を動かす性格や行動」を表す。アニメやゲームのキャラクターを形容する際に使われる。ただ、筋肉も脳からの指令によって動くもの。筋肉を動かすことが脳の刺激になるルートもあり、肉体と脳は密接につながっているのだ。「筋肉バカ」という言葉は死語である。

のうさつぼでぃ
【悩殺ボディ】
女性のグラマラスな身体に対する表現として用いられるが、昨今は筋肉による肉体美に対して男女関係なく使われることがある。

のうないまやく
【脳内麻薬】
脳が生成する神経伝達物質には、快感を引き起こし、痛みを和らげる作用がある。種類は多数あるが、代表的なのがエンドルフィンとドーパミンという脳内ホルモン。これらは筋トレでも分泌され、エンドルフィンは強い鎮痛作用、ドーパミンには快楽作用がある。

のだくりすたる
【野田クリスタル】
漫才コンビ「マヂカルラブリー」のボケ担当。漫才頂上決戦「M-1グランプリ2020」優勝。テレビを中心にマルチに活躍し、筋肉芸人の代表格でもある。2021年7月には野田氏がジム長を務める「クリスタルジム」をオープン。「芸人・俳優・アスリートなどバラエティに富んだ吉本興業所属タレントと一緒にトレーニングできる」のが特徴。

のどぴこたいそう
【のどピコ体操】
のどちんこ（正式名は口蓋垂）を鍛える体操。加齢によって衰え、誤嚥の原因にもなるのどちんこの筋肉を地声と裏声を発声することで鍛えていく。考案者は声楽家の高牧康氏（NPO法人「東京ベルズ」主宰）。

のるま
【ノルマ】
目標や基準のこと。筋トレにおいては、トレーニングをする頻度、時間、種目数、セット数、レップ、重量などがノルマ設定となる。ノルマがストレスになっては元も子もないが、ひとつの基準として設定するのは有効。重要なのはノルマをこなしたかではなく、目的の筋肉にしっかり負荷をかけられたかだ。体調はその日によって変わるものなので、ノルマを柔軟に考えるとよいだろう。

のんすとれす
【ノンストレス】】
筋肉に負荷（ストレス）をかけるのがトレーニングだが、精神面のストレスは不要。ストレスを感じながらトレーニングしている場合、なにかが間違っている。筋トレで“追いこむ”という言葉がよく使われるが、これは自らが求めているストレスである。「筋トレは気楽に行うくらいでいい」というのは、本書監修のバズーカ岡田氏の言葉。

のんれむすいみん

【ノンレム睡眠】

眠りが深い状態にある「ノンレム睡眠」は脳を休息させ、成長ホルモンを分泌し、副交感神経が優位となる。筋肉を成長させる質の高い筋力トレーニングを行うためには疲労回復が重要であり、そのためには深い眠り、つまり睡眠の質を高めることが重要だ。また、筋トレ後に眠気が出ることがある。これは汗をかいて体温が低下していることと、成長ホルモンの分泌が始まっていることが要因。すぐに寝てもよいが、筋肉合成に必要な栄養素を摂取してから睡眠に入るとよい。

のんろっく

【ノンロック】

筋トレ中に関節を伸ばしきらないこと。ノンロックにすることで筋肉から負荷が逃げないため、筋肉の緊張時間を延長させることができる。筋肉の緊張時間が延長することで筋肥大が促進する。例えばスクワットでは、膝を伸ばしきらず、膝を曲げる動作を繰り返すことで、筋肉がゆるむことなく大きな負荷をかけられる。動作をゆっくり行うスロートレーニング（P92）と併用して行うことで、より筋肥大を促進させることができる。

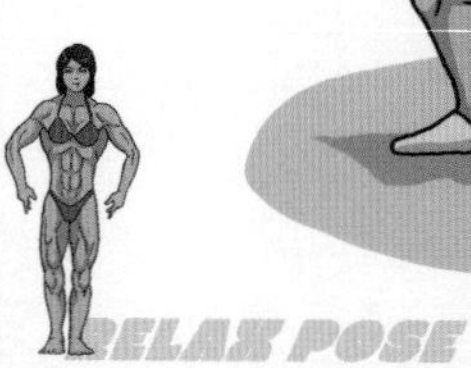

筋肉医学

能動的エクササイズ

脳卒中などの治療後にリハビリとして運動が取り入れられる。第三者の力を借りて行う受動的なROMエクササイズに対し、自分の意思で行動するものを能動的エクササイズという。ストレッチや筋トレが代表的なもので、これらは脳内の神経経路の強化につながる。肉体と神経は一心同体ともいえよう。

飲めば元気になる

運動時だけでなく、仕事や家事など日常生活で栄養ドリンクやエナジードリンクを飲んで元気を求める人もいるだろう。栄養ドリンクは医薬品もしくは医薬部外品で、医薬品は有効成分が配合されており、効能・効果を明確に伝えることができる。医薬部外品は薬に準ずるもの。ところが、エナジードリンクは嗜好品のため、効能や効果を打ち出すことを法律で禁止されている。「おいしいものを食べて元気が出た」ということもあるように、有効成分だけが元気の源だとは限らない。

は

ぱーしゃる・れっぷす
【パーシャル・レップス】

可動範囲を狭めて行うトレーニング方法。例えば、胸にバーベルがつくまで下ろさずに行うベンチプレスや、あまり深くしゃがまないようにするスクワットなど。可動範囲が狭い分、より重い重量を扱うことができ、回数をプラスしやすくもなる。

ばーちゃるりありてぃ
【バーチャルリアリティ】

仮想と現実をつなげる技術は筋トレにも生かされている。VR（Virtual Reality）という技術だ。専用のゴーグルなどを装着することで、仮想空間に没入しながら運動ができる。仮想空間は、雄大な自然景観のもの、ゲーム仕立てになっているものなどさまざま。「VRトレーニング」とも呼ばれ、導入しているジムも増えている。

はーど
【ハード】

筋肉が岩のようにかたく仕上げられた状態。ボディメイクコンテストの評価基準のひとつとされる。

ばーべるくらぶ
【バーベルクラブ】

1962年に創部された早稲田大学のウエイトトレーニングクラブ。設立者は、日本ボディビル・フィットネス連盟の名誉会長だった玉利齊氏（2017年他界）。ミスター早稲田ボディビルコンテスト（通称 ミスター早稲田）を企画運営する。バーベルクラブ出身で活躍するボディビルダーも少なくない。それ以降、大学をはじめとするさまざまな組織において、同名のクラブができた。

ばーん
【バーン】

筋肉が熱くなっていること。筋トレで負荷がかかり、筋肉内が酸性に傾くことで熱く感じるというもの。また、運動後の継続的な代謝上昇からカロリー消費が継続することを「アフターバーン効果」という。

はいきん
【背筋】

背中の筋肉の総称。背中の筋肉の主なものは、背中の広がりをつくる「広背筋」、厚みをつくる「僧帽筋」、脊柱に沿って付着する「脊柱起立筋」などがある。これらを使って発揮される力が背筋力である。なお、背筋を「せすじ」と読む場合は、背中の中心線を表す。

ばいせっぷす
【バイセップス】
上腕二頭筋のこと。上腕三頭筋は「トライセップス」と呼ぶ。ボディビルのポージングである「ダブルバイセップス」は、両腕の力こぶを見せるポーズになる。

ばきばき
【バキバキ】
筋肉が張っていること。物体が折れる様を「バキバキ」という音で表すことがあるが、肉体の場合は「バキバキの腹筋」というように割れた状態をさす。ちなみに、活きのいい魚のことを浜言葉（港町や漁村などで話される言葉）で「バキバキ」という。

ばきゅーむ
【バキューム】
腹式呼吸で息を吐ききっておなかを凹ませるテクニック。エクササイズで腹式呼吸をセットにするものが多く、「ストマック・バキューム（おなかを真空にする）」といい、インナーマッスルの横隔膜の鍛錬にもなる。クラシックフィジークにおいて重要なポージングとして用いられる。吐くときにおなかを膨らませる「ブレーシング」や、呼吸に合わせておなかを凹ませる「ドローイン」という呼吸法もある。

はしるとれーにんぐじむ
【走るトレーニングジム】
1988年に新幹線・こだまにトレーニングジムが併設されていたことがあった。移動中の時間を利用して筋力アップ。新幹線が到着すると、汗だくのマッチョが降車してきて驚く人もいたに違いない。タオルやウェアの無料貸し出しもあったそうだ。

ばすきゅらりてぃ
【バスキュラリティ】
身体の表面に血管が浮き出ている状態のこと。筋肉を大きくし、脂肪を落としていくことで、血管が表面に浮き出やすくなる。ボディメイクコンテストによっては審査の評価基準ではないが、バスキュラリティによって肉体に迫力が出て好印象につながる。

ばすとあっぷ
【バストアップ】
バストは大胸筋の表面にあるため、大胸筋を鍛えることがバストの位置を高めることにつながる。ポイントは大胸筋上部、大胸筋中部、大胸筋下部をバランスよく鍛えること。自重トレーニングの場合、足を椅子などに乗せて行うデクラインプッシュアップは上部に、通常のプッシュアップは中部に、椅子に手をついて行うインクラインプッシュアップは下部に負荷をかけられる。

はだかなげっと
【裸ナゲット】
高タンパクのナゲットだが、揚げ物ということで脂質も多い。それを気にして、衣をはがして肉のみを食べる人もいるようだ。なお、「揚げないチキンナゲット」もある。

はたらくさいぼうまっする

【はたらく細胞マッスル】

Web漫画サイト『モーニング・ツー』（講談社）にて連載中の漫画。監修の清水茜氏の『はたらく細胞』を原作としたスピンオフ作品である。著者は前田悠氏。人体の中が舞台で、登場するキャラクターは擬人化された細胞。オーバーワークや筋肉痛、ストレスによる筋肉の分解などのトラブルが起こる中、新人赤血球の応援を受け、筋細胞たちが日々たくましく成長していく物語だ。細胞の働く様子を知れば、明日からのトレーニングの質が変わるかもしれない。

『はたらく細胞マッスル（1）』
（著:前田　悠, 監:清水　茜）/講談社

ばっとまんとばっとがーる

【バットマンとバットガール】

アメコミの代表作品で、主人公のバットマンは筋肉モリモリ、バキバキ。脇役のバットガールも引き締まった肉体で、抜群のプロポーションだ。コスプレでも人気のキャラだが、身体にフィットするコスチュームのため、身体を鍛えあげていなければ、ただの全身タイツコスプレになってしまうので注意を。

はつねつ

【発熱】

筋肉が収縮する過程でエネルギーが発生し、熱産生が起きる。その熱が体中に巡ることで身体がポカポカとあたたかくなる。体温が上がることで血流が促され、全身の機能とともに免疫細胞も活性化する。適度な運動をする人が病気になりにくいのは、免疫力が高いことも要因のひとつ。体調をくずしているときは安静第一だが、少し疲れがあるくらいのときはむしろ運動をして、筋肉を動かして免疫力を高めるほうがよいともいわれている。なお、筋トレ後は汗をかいたことで体温が下がり、眠気が訪れ、身体をしっかり休ませられる。

はむすとりんぐ

【ハムストリング】

半腱様筋、半膜様筋、大腿二頭筋長頭・短頭からなる、太ももの後面にある筋肉の総称。膝を曲げるときや脚を後ろに反らすときに働く。走ることをメインとするスポーツでは、この部分の肉離れを起こしやすい。

はやねはやおき

【早寝早起き】

健康体およびマッチョになる大原則。三文の徳があり、1つ目、十分な睡眠時間がとれることで筋肉が回復する。2つ目、朝に筋トレを行うと、交感神経が刺激されて自律神経のリズムが整う。3つ目、体内時計によって食事のリズムが整い、体に必要な栄養を摂取できる。

ばらんすとれーにんぐ

【バランストレーニング】

いかなるときも姿勢を保ち、くずれた場合もすぐに戻せることを「バランス能力」といい、トレーニングによって高められる。身体の接地面の不安定さを変化させて行うことで負荷を調節することができ、バランスボールやバランスボードがよく用いられる。体幹などのバランス能力が向上することで、普段の筋トレも効率的になる。

ばらんすぼーる
【バランスボール】

体幹トレーニングの定番アイテム。ボールの上でさまざまな乗り方をしてバランスをとるほか、ボールを使ったプッシュアップ、クランチなど、使用アレンジの幅も広い。ストレッチにも使える。また、半円形のタイプもあり、「バランスドーム」と呼ばれる。

はりがみ
【貼り紙】

フィットネスクラブやジム内に貼られている、主に注意事項が記載された紙。よくある事例としては「無断で撮影する」「うるさい」「マシンを占領する」「設備を汚す・汗を拭かない」など。施設によってルール化されていなくても、マナーとして守るべき内容だ。

ばるくあっぷ
【バルクアップ】

筋肉を肥大化させること。「バルク」は筋肉の大きさや厚みを表す。バルクアップのメカニズムは、「栄養（エネルギー）」→「運動（負荷・損傷）」→「栄養（修復）」という流れ。これをいかに効率よく行えるかが、トレーニングの課題となる。

ぱわーはうす
【パワーハウス】

ピラティスで用いられる言葉で、腹横筋、多裂筋、骨盤底筋、横隔膜のインナーユニット（P33）をさす。創始者であるジョセフ・H・ピラティスが名づけたとされる。

ぱわーびるだー
【パワービルダー】

ボディビルの要素に加え、どれだけの重さを挙げられるかを競うパワーリフティングの要素も合わせて追求することを「パワービルディング」という。全身の均等な筋肥大と高い筋力の両方が求められる。まさに筋肉の二刀流といえよう。それぞれトレーニング方法が異なるため、肉体を完成させるのはより難しいとされる。また、2023年10月、メンズフィジークと、バーベルを持ち上げるデッドリフトの結果で順位を競い合うPOWER BUILDING CLASSIC in AWAJIという大会が行われた。

ぱわーりふてぃんぐ
【パワーリフティング】

スクワット、ベンチプレス、デッドリフトの３種目の合計重量で競う。オリンピックの正式種目。またこの3種目は筋トレのBIG３とも呼ばれる。ウエイトリフティングとはまったくの別もの。

はんがーのっく
【ハンガーノック】

長時間の運動によってエネルギーが不足し、急に筋力が発揮できなくなってしまうこと。激しい運動により低血糖状態になり、身体のしびれ、意識朦朧という症状が出る。マラソンや長距離自転車（ロードレース）

などで起こりやすい。厳しいトレーニングを積んできたアスリートでも起こることがあるため、栄養と水分補給は必須で、体調管理も必要になる。

はんどぱわー

【ハンドパワー】

徒手筋力検査という筋力テストのひとつ。器具を使わず、検査する人が手で患者の身体に抵抗を与え、筋力を調べるものだ。整体やカイロプラクティックで行われる。ちなみに1990年代に流行したスプーン曲げなど手を使ったマジックの「ハンドパワー」とは関係ない。

ぱんぷあっぷ

【パンプアップ】

トレーニング中・後に血流が増えるとともに筋肉内の水分も増え、筋肉の体積が大きくなること。英語の「PUMP UP（ポンプアップ）」が語源であるように、筋肉がポンプで膨らませたような状態になる。ボディビルダーやフィジーカーは、大会でステージに登場する前にパンプアップをして最終調整をする。筋肉がパンプアップすることで迫力やキレが大きく変わってくるからだ。予選でパンプアップをしすぎると、決勝でできるパンプアップの度合いが下がるため、どのタイミングで行うかが重要となる。

はんりゅうぶーむ

【韓流ブーム】

韓国のアーティストや俳優、映画、音楽などの文化の流行。筋肉界でも韓流の影響は大きく、韓流スターの肉体美に夢中になる人が多い。SNSなどでエクササイズの内容が発信され、韓流アイドルのトレーニング方法も注目を浴びている。

ぴーえふしーばらんす

【PFCバランス】

PはProtein（タンパク質）、FはFat（脂質）、CはCarbohydrate（炭水化物）を表す。炭水化物は糖質と食物繊維を合わせた名称だが、ここでは糖質の意味合いでとらえられる。バルクアップを目的としたPFCバランスは「2：2：6」とされる。一方、除脂肪を目的としたボディメイクでは「3：2：5」とタンパク質の摂取を多くすることが理想のバランスといわれる。

びーえむあい

【BMI】

Body Mass Index（ボディ・マス・インデックス）の頭文字を取った言葉で、肥満や低体重（やせ）の判定に用いる、国際的に取り入れられている指標。「体重（kg）÷身長（m）の2乗」で求められる。日本では18.5以上25未満が普通体重、25以上になると肥満といわれる。ただし、筋肉で体重が重くなることで値が大きくなる場合があるため、アスリートやトレーニーは、筋肉量や脂肪率などの数値を重んじる。

ぴーく
【ピーク】

上腕二頭筋をはじめとする、筋肉の高さを示した言葉。山脈の最も高いところである「ピーク」に喩えられたもの。メリハリのある筋肉を「山と谷」で表現することもある。

びーしーえーえー（ぶんきさあみのさん）
【BCAA（分岐鎖アミノ酸）】

必須アミノ酸の中で、筋肉をつくるうえで特に重要とされるのがバリン、ロイシン、イソロイシンの3種類で、これらの総称が分岐鎖アミノ酸、つまりBCAA（Branched Chain Amino Acid）である。筋肉痛の軽減や筋トレ中の筋分解抑制に優れたエリートアミノ酸といえる。BCAAに特化した健康食品や栄養補助食品もある。

びーじーえむ
【BGM】

ボディメイクコンテストによっては、フリーポーズで流す楽曲を事前に申請する必要がある。楽曲には著作権があり、使用許諾が必要だからだ。また制限時間内にぴったりの曲を選ぶことも求められる。曲と肉体を調和させることができれば、唯一無二のステージとなる。出場者の中には、オリジナルソングを用意する人もいるらしい。

ひーと
【HIIT】

高強度インターバルトレーニングという意味の英語「High-Intensity Interval Training」の頭文字を取った言葉。負荷の高い運動と、短い休憩を組み合わせたトレーニング。アフターバーン効果（P125）によって有酸素運動と同様の最大酸素摂取量の向上効果があるとされ、ダイエット効果も注目を集めている。

ひーる
【ヒール】

ボディビルやフィジークの大会で、女性はふくらはぎの筋肉をきれいに見せるためにヒールのあるサンダルを着用する種目がある。かかとを上げた状態で運動をすることで特異的に発達する筋肉もあるが、日常的にハイヒールを履いていると、そこだけがより太くなってしまうこともあるので注意を。ただバランスをとることが求められるため、体幹強化にはなる。

びいしき

【美意識】

個人差があるだけでなく、「やせた体型が美しい」など、時代によっても変化するもの。筋トレブームは、「筋肉をつけて引き締まった体型が美しい」とされる風潮の表れともとらえられる。筋肉をつけることは健康に直結するため、美意識過剰でちょうどよい。

びがんき

【美顔器】

肌に張りを出したり、たるみを解消したりするための機器。また、美顔器は表情筋である前頭筋、側頭筋、鼻筋、顔輪筋、咬筋、頬筋、口輪筋、下唇下制筋、広頸筋を刺激することから、豊かな表情を生む効果も期待できる。身体にも使える美顔器も出てきている。

びきにふぃっとねす

【ビキニフィットネス】

ヨーロッパを中心に展開するIFBB主催の大会のカテゴリー名。ボディビルの競技の一種。肌や髪の艶などトータルパッケージで競う。クォーターターン（フロント→サイド→バック→サイド→フロント）を行う。着用するビキニには、臀部を1/3 以上覆い、お尻の割れ目を見せないなどの規定がある。

びきん

【美筋】

美しい筋肉のこと。美肌、美脚、美乳、美尻など、肉体を部分的に称することがあるが、美筋は目に見えない部分も含んだ、真実の美の結晶ともいえる。なぜなら盛り上がったアウターマッスルも、絞りこまれたラインも、インナーマッスルの強化があってこそ得られるからだ。なお、美筋を手に入れると、基礎代謝量が多くなり、姿勢も矯正されて美肌、美脚、美乳、美尻なども叶う。

ひげきのまっちょまん

【悲劇のマッチョマン】

アイドルユニット「nanoCUNE」が歌う、2015年1月発売のメジャー 1stシングル曲。クラブミュージックのリズムに、身体を鍛えることと感情の関連性を表現した歌詞がテンポよく合わさっている。

びしょぬれ

【びしょ濡れ】

ジム通い初日に起こるバッグの現象。エクササイズやワークアウトでウエアも下着も汗を含んでいる。そのままバッグに入れると帰宅したころには悲惨に……。トレーニーにとって防水バッグやポーチは必需品。下着の着替えも同様。なお、ワークアウトの専用下着に着替えてからトレーニングし、終わったらもとの下着に着替えるとよい。専用下着は吸汗性と速乾性に優れており、びしょ濡れ状態になりにくい。

びすけっと・おりば
【ビスケット・オリバ】

板垣恵介氏の漫画作品『グラップラー刃牙』シリーズに登場するキャラクター。筋肉が大きく高密度で、ここまで絞れるかというくらいのボディライン。地球上で最も自由に振る舞い生きることから、“地上最自由（ミスター・アンチェイン）”と呼ばれる。ミスターオリンピアで王者になったボディビルダーがモデルではないかという噂もある。

ぴたてぃー
【ピタT】

小さなサイズで身体にフィットするTシャツの俗称。細身の体型の人のファッションスタイルだが、鍛え上げられた肉体の持ち主が通常サイズのTシャツを着ると、同様のスタイルになる。マッチョ用にデザインされたTシャツか、オーバーサイズのTシャツを着るしかない。肩や首まわりにストレスがかからないタンクトップが、ベストウエアなのか……。

びたどめ
【ビタ止め】

ウエイトの負荷を受けた状態で、1～2秒止めること。筋肉を最も伸ばした状態である「フルストレッチ」で行うことで、筋力を高められ、さらに、収縮と伸張がしやすいやわらかい筋肉をつくり上げることができる。

びたみん
【ビタミン】

五大栄養素のひとつ。筋肉をつくる栄養素では、エネルギー源となるタンパク質、脂質、糖質が注目されるが、これらの作用をアシストするのがビタミン類だ。例えばビタミンDは、カルシウムの吸収を高めたり、テストステロンの分泌を促進したりする作用がある。ビタミンB群は、タンパク質、脂質、糖質の補酵素として働く。ビタミンCは筋膜や腱、靭帯のもととなるコラーゲン線維の合成に欠かせない。マルチビタミンという複数のビタミン類を含むサプリメントも人気。ただ、過剰摂取すると体調に支障をきたすことを忘れないように。これはほかの栄養素にもいえることだ。

ぴっくあっぷ
【ピックアップ】

ボディメイクコンテストなどで予選の前に行われる審査。大会の規模が大きな場合は、一次ピックアップ、二次ピックアップが行われ、最終的に12名に絞りこまれる。複数人が同時にステージに登場し、規定ポーズをして比較審査をされる。複数の審査員が予選に進ませる選手を選ぶ。選ばれた12名は審判員から呼ばれ、これを「コール」という。優勝までの道のりは長い。

びっぐすりー

【BIG3】

筋トレ種目における「スクワット」「デッドリフト」「ベンチプレス」のこと。大きな筋肉群を同時に鍛えられるので、何から筋トレを始めてよいかわからない初心者は、この3つから行い、基礎筋力を向上させるとよい。スクワットは下半身を鍛えられ、バーベルを使用して行うとより負荷をかけられる。デッドリフトは大臀筋とハムストリングといった身体の背面に効く。ベンチプレスは主に大胸筋を鍛えられる。

① バーベルスクワット

② デッドリフト

③ ベンチプレス

ひっすあみのさん

【必須アミノ酸】

体内で合成されない9種類のアミノ酸（イソロイシン、ロイシン、リジン、メチオニン、フェニルアラニン、トレオニン、トリプトファン、バリン、ヒスチジン）のこと。どれも筋肉づくりに欠かせないため、食事やサプリメントから摂取する必要がある。プロテインなど健康食品に必須アミノ酸がどれだけ含まれているかを示す指標を「アミノ酸スコア」という。

びはだ

【美肌】

タンパク質やビタミン類、ミネラル類は筋肉づくりに重要だが、これらは肌の生成にも必要なもの。また、代謝をよくし、自律神経のバランスや生活リズムを整えることも肌の健康に関与している。筋トレは皮膚の老化を防止し、真皮の厚みの改善に関与していることが科学的にも認められている。筋トレが美肌づくりに貢献していることが証明されたのだ。

びふぉあ・あふたー

【ビフォア・アフター】

肉体改造をする際、たいていが改造前の写真と、トレーニングをした肉体の写真で比較する。ダイエット番組や雑誌などで「これ本当？」「条件が違うよ」と思うことがあるだろう。自己確認の場合は、同じ条件（場所、時間帯）で撮影しよう。また、筋トレ記録確認アプリを活用する方法もある。

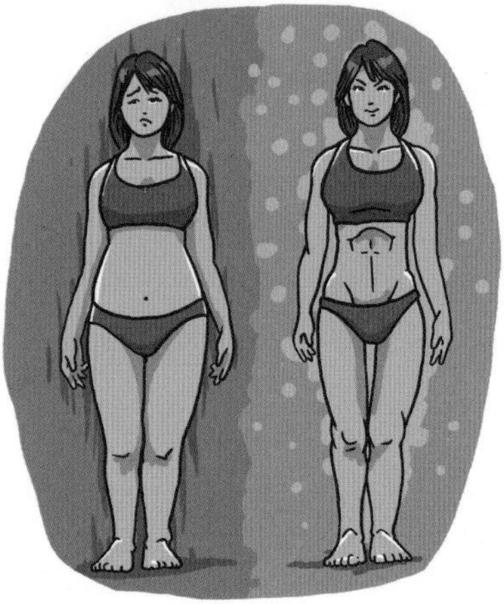

ひやけ

【日焼け】

日焼けマシンによるタンニングが主流。日光による日焼けである天サロは色ムラ、肌荒れなどの原因になるため好まれない場合もある。自然に焼きたいのであれば、紫外線対策をし、肌のケアに努めるべし。

ぴらてぃす

【ピラティス】

1883年にドイツで生まれたジョセフ・ハベルタス・ピラティス氏が、ヨガをはじめ、あらゆるエクササイズを研究し、考案したもの。身体の柔軟性を高め、強化し、バランスを整えるためのメソッドである。筋肉を鍛錬する要素も含まれており、例えばマットピラティスは、自分の体重を負荷として使って行う、いわゆる自重トレーニングだ。

ぴらみっどせっとほう

【ピラミッドセット法】

徐々に負荷強度を上げていき、負荷がピークに達したら、徐々に負荷を落としていく方法。負荷を上げていくことを「アセンディング」、負荷を下げていくことを「ディセンディング」と呼ぶ。遅筋と速筋（P96）それぞれに働きかけられることで、筋肥大と筋力アップの両方が叶う。ワークアウトに変化がつくため、モチベーションを保ちやすいのもメリットだ。

ひらめきん

【ヒラメ筋】

ふくらはぎの深層部にある筋肉。魚の舌平目に形が似ていることから名づけられた。ふくらはぎは第二の心臓とも呼ばれ、心臓から送られてきた血液を重力に逆らって上半身へと戻す役割がある。ふくらはぎの血行をよくすることで、ほかの部位の筋肉にも十分な血液を送れる。

びりーずぶーときゃんぷ

【ビリーズブートキャンプ】

米軍の基礎訓練「ブートキャンプ」をもとにしたエクササイズで、日本では2005年ごろに流行した。エクササイズ動画を見ながら運動するもので、これを7日間続けるプログラム。全身の筋肉を鍛え、有酸素運動をしながら脂肪燃焼力を高める。指導するのはビリー隊長で、現在もインストラクターとして活動している。

ぴりおだいぜーしょん

【ピリオダイゼーション】

長期的なトレーニング計画の中で、目的ごとに期間を分けてトレーニングを変えること。シーズンのあるプロスポーツではよく行われ、筋トレでも取り入れられる。準備期、試合期、移行期などとトレーニングの質を変えたり、メニューを変えたりし、長期的なプログラムを組むことで、マンネリ化も解消できる。

びるだーねーむ

【ビルダーネーム】

ボディメイクコンテストに出場する競技者の二つ名。ボディビルダーやフィジーカーはリングネームや芸名のようにユニークなニックネームで活動している人も少なくないが、原則、選手登録をしている名前での出場となる。

びるどあっぷ

【ビルドアップ】

筋肉をつけていくこと。また、「完成度を高める」という意味でも使われる。ランニングや水泳において、徐々にスピードを上げるトレーニング方法のことでもある。1回のトレーニング内でのビルドアップもあれば、肉体を長期間でビルドアップしていくという考え方もある。

びるぱん

【ビルパン】

ボディビルパンツの略語。見せる筋肉の面積を最大限にするため、生地の面積は小さい。筋肉を美しく見せるためにカラーの選択、またラインの入ったデザインなど、大会の規定内で工夫をする。なお、ビルパンは「ポージングトランクス」という名称で呼ばれることが多い。

BACK DOUBLE BICEPS

ぴんくきん
【ピンク筋】

速筋（P96）は白っぽい色のため「白筋」、遅筋は赤っぽい色のため「赤筋」とも呼ばれる。筋線維は中間色になるものも存在し、これを「中間筋」、「ピンク筋」と呼ぶ。瞬発的な動きに適した白筋と持久的な動きに適した赤筋の中間のような性質を持っており、スピードとパワーの両方を必要とするアスリートに多いとされる。また、運動や食事の内容によって、筋線維タイプが移行することも確認されている。

ぶーめらんぱんつ
【ブーメランパンツ】

男性用競泳水着の俗称。前方から見たときにブーメランの形に似ていることから名づけられた。ボディビルパンツをさすこともある。

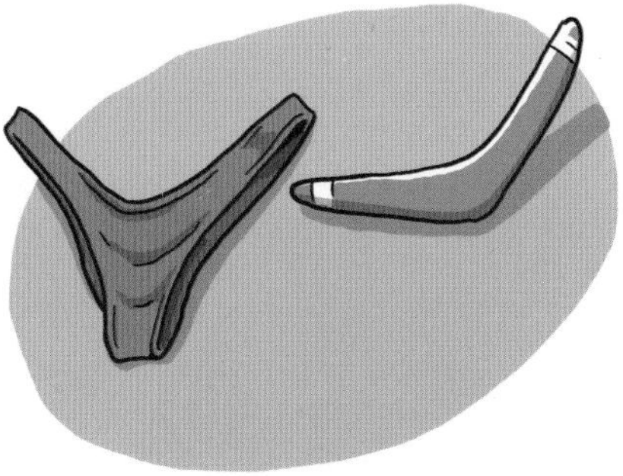

ふぁーすとこーる
【ファーストコール】

ボディメイクコンテストにてピックアップ審査（P132）を通過した選手に対し、審査員からゼッケンナンバーを呼ばれること。予選（比較審査）で１回目の呼びかけを「ファーストコール」、2回目を「セカンドコール」という。観客からのかけ声はモチベーションが高まるが、審査員からのコールは身と心が引き締まるもの。また、最初に呼ばれた選手は、優勝争いに加わることが多い。

ふぁいといっぱつ！
【ファイト一発！】

大正製薬の栄養ドリンク「リポビタンD」のテレビCMで、演者が発声する決まり文句。1977年の放送から継続しており、その時代を代表するマッチョ俳優が、肉体を駆使してさまざまな窮地を乗り越えるシナリオだ。「ファイト一発!」のかけ声は広く浸透し、日常生活やスポーツの場面での声援の定番にもなっている。リポビタンDは、有効成分を配合し、効能・効果が認められた指定医薬部外品である。

ふぁすてぃんぐ
【ファスティング】

断食のこと。一定期間食事をしないことで減量になるほか、消化・吸収器官を休ませることができ、体内の余分な水分や物質を排出することにつながる。何日も食事を抜くことは困難だが、昨今注目されている「インターミッテント・ファスティング（IF）」という減量方法は、1日のうち数時間から十数時間だけなにも摂取しないというもの。これにより細胞の中にあるタンパク質を分解するオートファジーという機能の活動が増加し、代謝が促される。また、断食による健康面の影響についてはさまざまな考えがあるが、筋肉の発達の観点からいうと、断食は勧められていない。筋中のタンパク質の同化反応（合成すること）が低下するからだ。

ふぃじーく

【フィジーク】

ボディメイク競技のひとつ。筋肉の大きさだけでなく、ウエストの絞りこみ具合や逆三角形（Vシェイプ）の広がり方など、上半身のバランスのよさが重視される。サーフパンツの着用で脚が隠れるので、下半身はほとんど審査されない。フィジーカーの人口は増え続けており、新しい大会も誕生している。

ふぃじーくふれーむ

【フィジークフレーム】

マッチョな人のための服の専門店。ただ大きなサイズの服というわけではなく、デザイン性があってこそファッション。鍛え上げられた身体を美しいシルエットで魅せつつも、筋肉にしなやかにフィットする着心地のいい服を揃えている。

ふぃっとねす

【フィットネス】

健康の維持や増進を目指すもので、あらゆるスポーツやエクササイズ、トレーニングを含めた言葉として認知されている。2022年では約1,640万人が筋力トレーニングを実施しているとみられ、2000年の約726万人から2倍以上増加した（笹川スポーツ財団「スポーツライフに関する調査報告書（2000 ~ 2022）」）。フィットネスクラブは、トレーニングジム、スタジオ、プールなどを備えたスポーツ施設をさす。

ふぃっとねすわーるど

【フィットネスワールド／FITNESS WORLD】

2018 年11 月に創刊し、2024年6月発行号よりリニューアルした世界のコンテスト＆アスリート情報誌（発行・発売：FYカンパニー）。IFBB PRO Leagueとの連携により、世界標準かつ最高峰のボディコンテスト情報や、プロ選手たちへのインタビュー＆トレーニング情報を掲載。世界、国内の最新情報を入手できる。年4回発行。

ふぃっとねすわーるどじゃぱん

【フィットネスワールドジャパン／Fitness World Japan (FWJ)】

国内最大級のアマチュアフィットネス団体。IFBB PRO Leagueの下部組織にあたる。「FWJ」の略語で表記されたり呼称されたりする。競技大会ではアメリカのフィジーク、ビキニ、ボディビルのアマチュア最大団体NPC および、アメリカを除く全世界を統括する組織のNPC Worldwideが開催する競技ルールに則っている。また、プロコンテストを主催するIFBB PRO Leagueと連携することもあり、日本のボディメイク、およびボディコンテストの普及に向けて中心的な活動を行っている。

ふか

【負荷】

筋トレにおいて筋肉を損傷させる手段となるもの。負荷には、回数、時間、重さ、可動域などがあり、トレーニング内容によってその種類の選択は変わってくる。例えば、重い負荷をかけると瞬発力の発揮に適している速筋（P96）が特に鍛えられ、回数が多くなると持久力に適した遅筋が鍛えられる。筋トレには苦痛は伴うが、精神に負荷をかけるのではなく、筋肉に負荷をかけることが目的である。

ふっきんは きっちんでつくられる

【腹筋はキッチンで作られる】

アーノルド・シュワルツェネッガー（P24）の名言のひとつ。食事トレーニングの金言となっている。食事内容が体に大きな影響を及ぼすため、食事管理も筋肉づくりに重要であるという意味合い。トレーニーによるレシピ本も多数出版されており、料理が筋トレの一部であることは周知の事実だ。

ふっきんほうかい

【腹筋崩壊】

「笑いすぎておなかが痛い」という意味。大笑いすると、主にインナーマッスルの腹横筋が刺激される。これで筋肉が鍛えられるというものではないが、笑うことで脳内ホルモンのエンドルフィンが分泌され、高揚感や幸福感を得られ、疲労感の緩和にもつながる。

ふっきんほうかいたろう

【腹筋崩壊太郎】

『仮面ライダーゼロワン』の第1話「オレが社長で仮面ライダー」（2019年9月1日放送）に登場する人物。演じるのは、なかやまきんに君（P113）。「腹筋パワーっ！」のかけ声とともに腹筋パーツを射出するギャグが得意技。テレビの前の子どもたちの腹筋を崩壊させた。

ぷっしゅあっぷ

【プッシュアップ】

腕立て伏せのこと。体幹をまっすぐにして、胸を張りながら地面を押すことが、筋肉に負荷をかけるコツ。主に大胸筋、三角筋前部、上腕三頭筋を鍛えることができ、アレンジにより負荷をかけるターゲットを変えられる。「1時間で3,206回」というギネス記録もある。

ふゆとれ

【冬トレ】

身体の動きやすい夏こそ、トレーニングに最適という考えは否定できないが、冬には冬のメリットもある。気温が低いと血管が収縮しやすく、血流が悪くなる。しかし、生命を維持しようと基礎代謝量は高まる。つまりこの時期に運動をして血流をよくす

ることで、高い基礎代謝量の恩恵もあって筋肉づくりや脂肪燃焼がしやすいともいえるのだ。

ふらいぱんまげ

【フライパン曲げ】

りんご潰しや電話帳破りなど、怪力のパフォーマンスはいろいろある。フライパン曲げもそのひとつ。前腕の筋力、握力、二頭筋、三頭筋、腹筋、大胸筋を強化する必要がある。なお、フライパンの素材によっては、曲げるコツがあるらしい。

ぷらすまいなす

【プラ酢マイナ酢】

漫画・アニメ『ドラえもん』の秘密道具のひとつ。漫画ではしずかちゃんを救出するために大岩を動かす際、ドラえもんとのび太はプラ酢マイナ酢を自身にかけて「筋肉」と唱え、マッチョな身体に変身した。

ふりーうえいと

【フリーウエイト】

ダンベルやバーベルなどを使いながら行うウエイトトレーニングのこと。マシンと違って動きの自由度が高いため、バリエーション豊富なエクササイズが可能。身体が固定されていないのでトレーニングフォームがくずれやすいが、目的の部位以外の筋肉も刺激できるというメリットがある。トレーニングを大別する際、「フリーウエイト」と「マシントレーニング」になる。

ぶりーたいちょう

【ブリー隊長】

アニメ『妖怪ウォッチ』の第36話に出てくる妖怪キャラクター。おそらく、ビリーズブートキャンプ（P135）のビリー隊長がモデル。たるんだ肉体を見ると、本人の意思なしにトレーニングをさせる能力を持つ。「もも上げた～！ からあげじゃないぞ!!」というような独特のいい回しをする。

ふりーぱふぉーまんす

【フリーパフォーマンス】

JBBF主催のボディメイクコンテストの「メンズフィットネス」「ミスフィットネス」にて最初のラウンドで行われる競技。90秒の時間で、楽曲や振つけ、コスチュームなどを選手自身が準備してパフォーマンスをする。芸術性が求められる競技のため、競技者は筋トレだけでなく、フリーパフォーマンスの練習にも力を入れている。

ふりーぽーず

【フリーポーズ】

ボディメイクコンテストで、規定ポーズに対して選手が自由に行えるポージングのこと。見せたい筋肉をより強調させられる。またフリーポーズの際に流す音楽も選手が自由に選べるため、BGMに合わせてのポージングは選手の個性がより強く表れる。本書監修のバズーカ岡田氏は、フリーポーズを大学の学生と一緒に考え、つくっている。

SIDE TRICEPS

ぷりずなーとれーにんぐ

【プリズナートレーニング】

プリズナーは「囚人」という意味。アメリカのポール・ウェイドという元囚人が、服役中の元米海軍特殊部隊の隊員から教わった筋トレ。プッシュアップ、スクワット、プルアップ、レッグレイズ、ブリッジ、ハンドスタンド・プッシュアップの単純な6種だが、継続することで肉体が確実に変化していく。

ぶるがりあんすくわっと

【ブルガリアンスクワット】

スクワットのアレンジバージョンのひとつで、ブルガリアのオリンピック・ウエイトリフティングチームが強化のために開発したもの。「最高の筋トレ」と称されることもある。片足を後方の椅子などに乗せて行うスクワットで、負荷が下半身全体にかかり、まんべんなく鍛えられる。また体幹の安定性を要するため、上半身にも刺激が入っている。

ふるかわきあいきんにく

【古河気合筋肉】

機械事業と素材事業を営む古河機械金属の社名をもじったPR コピー。電車や球場広告などで「古河気合筋肉」を打ち出し、古河気合筋肉特設Webサイトでは「社会の筋肉」としての存在意義を示す。気合は熱意・情熱を、筋肉は力強さ・スピードをイメージ。力こぶのアイコンイラストは古河機械金属の社章である山一マークを模している。

古河気合筋肉

ふるさとのうぜい

【ふるさと納税】

返礼品に筋トレ器具や筋肉によい食品、さらにはフィットネスクラブの利用券などもある。鍛えた肉体で働いて納税し、その返礼でさらに身体を鍛える。健康体は医療費の削減につながり、税金の節約にもなる。筋肉がお金に代わる、まさに税筋だ。

ふるぱわーぜんかい

【フルパワー全開】

「フルパワー」も「パワー全開」も力を出し切るという意味。これを組み合わせた「フルパワー全開」は、気持ちの強さが出た表れか。勝負や審査、記録には、本来の力が少しでも残っていたら結果が出ない。精神統一して、フルパワー全開で臨もう。

ふるれんじ

【フルレンジ】

関節可動域（＝レンジ）を最大限にした状態。可動域を広くして筋肉に負荷をかけると、より効果的に筋肥大が起こる。ここで注意したいのが、筋トレにおけるフルレンジは、限界まで関節を動かすことではない。筋肉に負荷がかかる範囲までの可動域でトレーニングを行うことをさす。

ぶるわーかー

【ブルワーカー】

1963年にドイツで考案され、ヨーロッパやアメリカで発売されて以来、全世界で愛されている超ロングセラーの健康機器。日本では1965年から株式会社福発メタルが製造販売し、改良を重ねながら販売している。累計売上数は国内だけで150万本以上とのこと。

ぷれあんどぽすとわーくあうとみーる

【プレ＆ポストワークアウトミール】

プレワークアウトミールはトレーニング前の食事、ポストワークアウトミールはトレーニング後の食事のこと。トレーニング前は炭水化物を多く含むものが適しており、これにタンパク質を加える。中・長時間行う持久的トレーニングの場合は、脂質もエネルギー源になる。摂取する食事量にもよるが、トレーニング開始前の1～3時間前に食事をすませよう。トレーニング後は消費したグリコーゲンを再貯蔵し、疲労回復のためのエネルギーを確保すること。その際、吸収が速いタンパク質と遅いタンパク質を組み合わせる。トレーニング後30分～1時間以内に摂取するとよい。また、トレーニング前も後も水分補給が重要で、特にトレーニング後は疲労回復や筋肥大を促すために意識して水分を補給すること。

ぶれいきん

【ブレイキン】

ブレイクダンスともいう。あらゆるダンスは全身を駆使して表現されるが、その中でもブレイキンは強い筋力が求められるカテゴリー。逆立ちなどアクロバティックな技を繰り出す際に上着がめくれあがり、腹筋が露わになる。筋力を要するポーズで動きを静止する「フリーズ」というブレイキン特有のポイントもあり、その際に観客の視線は筋肉に注がれ、フリーズ状態に……。2024年のパリオリンピックで正式種目になった。

ぷれじゃっじ

【プレジャッジ】

ピックアップ（P132）と同様の意味。

ぶろっこりー

【ブロッコリー】

鶏むね肉と並んで、筋トレめしの最強食材ともいわれる。タンパク質やビタミンB_6などの栄養素が多く含まれており、油と組み合わせることで栄養の吸収率も高まるので、ゆで調理にあきた場合は、ササッと炒めてレシピの幅を広げるのもよい。なお、ブロッコリーは2026年度に指定野菜（国民生活に重要だと国が位置づけるもの）に加わる。

ぷろていん

【プロテイン】

タンパク質を主成分とした食品。一般的に牛乳に含まれるホエイプロテインとカゼインプロテイン、大豆に含まれるソイプロテインの3種類に分けられる。ともにアミノ酸スコア（P29）が高く、違うのは身体への吸収速度。ホエイは水溶性成分であり、身体への吸収が速い。カゼインは不溶性成分であるため、吸収に時間がかかる。ソイプロテインもゆっくりした吸収の特性がある。粉末状になったプロテインを水や牛乳などで溶いて飲むのが一般的で、ゼリータイプやドリンクタイプの商品、また、クッキーやウエハース、シリアル、スナック、チョコレートバーといった食べるタイプのものもあり、バリエーションが豊富。味もココアやチョコレート、フルーツ、ヨーグルトなど多彩だ。ちなみにプロテインの語源は、古代ギリシャの「プロティオス」という言葉で「もっとも重要なもの」という意味がある。

ふろとれ

【風呂トレ】

温熱、水圧、浮力の入浴効果を最大限にいかした、浴槽内でできるトレーニング方法。温熱によって筋肉がゆるみ、可動域も広くなっている。水圧と浮力によって大きな負荷がかけられないので、ストレッチトレーニングを中心に行うとよいだろう。健康状態が悪い場合は控えること。

ふわきん

【ふわ筋】

柔軟性の高い筋肉の俗称。水抜き（P156）や塩抜き（P78）によって筋線維やカットを出すことも、バスキュラリティ（P126）を求めることもしない。ある程度の筋肉量があり、体型は絞りこまれているが、肉質がふわっとやわらかい状態で、女性の肉体づくりで表現されることが多い。筋トレ前後のストレッチで筋肉をゆるめ、関節の可動域を広めていくと、ふわ筋をつくれる。

ぶんかつほう

【分割法】

筋肉の部位ごとにトレーニングの実施日を変えるトレーニング方法。別の部位の筋肉をトレーニングしている間に、前回鍛えた筋肉が修復や回復をすることになり効率的である。限られた時間でトレーニングができるだけでなく、筋トレのマンネリ化も防げる。

ふんしょく
【分食】

1回あたりの食事量を少なくし、1日の食事回数を増やすこと。血糖値の急激な変動を抑える目的で糖尿病の食事療法として行われる。筋トレにも有効で、特にバルクアップ（P128）中に重んじられる。筋肉をつけ、脂肪をつきにくくする効果があるからだ。食事量が少ないので、消化不良も防げる。

筋肉雑学

不覚筋動

無意識のうちに筋肉が動いてしまうことがある。これを「不覚筋動」という。例えば人差し指を硬貨の上にずっと置いていると、筋肉が疲れて勝手に動いてしまう。この不覚筋動で硬貨が動くと、あたかも硬貨がひとりでに動いたように感じてしまうのだ。かつてこの硬貨を使った占いは、心霊現象として話題になったが、科学的に解明された。

へあすたいる
【ヘアスタイル】

ポージングで髪の毛が動き、筋肉が隠れないようにするため、短髪、もしくはスタイリング剤でまとめ、オールバックなどにする人が多い。表情がすっきり見えることで、明るい印象にもなる。ちなみに外国人の男性選手はスキンヘッドが多い印象。髪の毛の長さに規定はなく、女性はロングヘアの人も多い。大会によっては、筋肉だけでなくヘアスタイルを含めたトータルパッケージでの美しさが審査される。

へあばんど
【ヘアバンド】

トレーニングの邪魔にならないよう、またマシンに髪の毛が巻きこまれないようにするためにもヘアゴムやヘアバンドで髪の毛をまとめておく。スポーツ用のヘアバンドであれば汗が流れて目に入ることも防止できる。キャップをかぶってトレーニングしている人も多い。

べすとぼでぃ・じゃぱん

【ベストボディ・ジャパン】

2013年1月に法人設立した一般社団法人ベストボディ・ジャパン。ボディメイクの普及のため、大会の主催、レッスン、トレーニングジムとの連携、選手の育成など多角的に活動している。大会では、①健康美、②全身引き締まった身体、バランスの取れたスタイル、③ルックス、顔の表情、表現力、④ポージング、⑤ウォーキングを含む身のこなし、見せ方、⑥知性、品格、誠実さが審査対象。コンテストはライブ配信もされ、日本のボディメイクコンテストの最高峰のひとつになっている。

へそぴあす

【へそピアス】

ボディメイクコンテストの多くは、身体のラインなどに影響が出るためアクセサリーの装用を禁止している。ただ、フィットネス系コンテストでは、イヤリングやへそピアスに限っては容認されている場合もある。なお、へそピアスの形状で「ダンベル」という種類がある。筋トレ器具のダンベルに形状が似ていることからだが、ボディメイクとの関連性はない。

ぺっとぼとる

【ペットボトル】

水を入れてダンベルの代わりにする人がいる。500mLのものは水を入れると0.5kg、1Lなら1kg、2Lなら2kgだ。資源の有効活用ともいえるが、「飲料メーカーは容器の二次的な使用の設計をしていないため、耐久性の問題などから推奨はしていない」ことを補足しておく。

ぺぷちど

【ペプチド】

アミノ酸がいくつかつながった構造のこと。そのつながりを「ペプチド結合」という。消化の必要がなく、プロテインに比べて吸収が速い特性があるため、ペプチドサプリが支持されている。筋合成が高まるタイミングのトレーニング後の摂取がスタンダードだ。

へらくれす

【ヘラクレス】

ギリシャ神話の英雄。世界中でヘラクレス像がつくられており、どれも筋肉質な肉体。映画『ヘラクレス』(1958年、イタリア製作)では主演のスティーブ・リーヴスが肉体美を見せ、それに憧れた日本の若者も筋トレを始めた。また、苦難を選ぶか、楽を選ぶかという選択で神話のヘラクレスは苦難を選び解決してきた。これを「ヘラクレスの選択」といい、筋トレスピリッツに通ずるところがある。なお、かつて「WBBGミスター・ヘラクレス・コンテスト」という大会がアメリカで行われていた。

へんたいかめん
【変態仮面】

1992 ～ '93年に『週刊少年ジャンプ』(集英社)で連載された『究極!!変態仮面』(著者は、あんど慶周氏)。実写版映画では『HK変態仮面』という作名で、肉体改造をした鈴木亮平氏の筋肉美が話題になった。主人公の男子高校生が頭にパンティをかぶると超人パワーを持つ正義の味方「変態仮面」に変身するという奇想天外な設定で、悪人たちと対峙していく物語。さらにブリーフを肩にかけるコスチュームで、鍛え上げられた肉体と、なにかが強調されている。

べんちぷれす
【ベンチプレス】

スクワットやデッドリフトと並ぶ、筋トレ「BIG3」のひとつ。ベンチに横たわってバーベルを上げ、主に大胸筋、上腕三頭筋、三角筋前部といった上半身の大きな筋肉を鍛えられる。バーベルの重量だけでなく、シャフトの太さによっても負荷のかかり方が違ってくる。

ぽーじんぐ
【ポージング】

ボディメイクコンテストで筋肉を魅せるためのポーズ。さまざまな種類があり、筋肉を最大限に見せるには、細かなところまで気をつけなければならない。ポージングの完成度が低いと審査の減点対象となる。例えばフロントダブルバイセップス(イラストのポージング)は、肘が肩より上がったり下がったりしすぎていると減点対象になる。競技者は筋トレだけでなく、ポージングの練習にも励む。

筋肉雑学

平滑筋

骨格筋は自らの意思でパワーアップすることができる。一方で内臓や血管の壁に存在する平滑筋は、意思で動かすことができない。平滑筋の収縮によって内臓や血管は機能を維持しているが、加齢などによって筋力が衰えることがある。平滑筋を正常な状態で維持するには、自律神経を活性化させることが重要だ。骨格筋を鍛える際は交感神経が優位になるが、ストレッチなどで副交感神経を優位にすることで筋肉がゆるみ、血管の中膜の平滑筋をゆるめることにつながる。

ぽーずだうん

【ポーズダウン】

ボディメイクコンテストの結果発表のこと。ステージに上がった選手が観客にポーズをとるとともに順位を発表される。競技では審査員に向けられるポーズが、観客へと移行する。

ほーむじむ

【ホームジム】

トレーニングマシンを設置してジム仕様にした自宅。部屋の一角を使用する人もいれば、専用ルームにする人もいる。またバーベルがセットになった1台で多様なトレーニングが行えるハイスペックなマシンは、省スペースでのジム仕様が実現できるもの。かなりの重量があるので建物の構造の強度の確認が必要で、特に賃貸の場合は注意するべきだ。

ぼいすとれーにんぐ

【ボイストレーニング】

発声練習のこと。声を出す声帯は、気管の出入り口にある左右2本のひだのような形状をした筋肉のこと。声帯は平滑筋(P145)のため自分の意思では動かせないが、呼気の震えで発声させる原理のため、表情筋や横隔膜を鍛えることで発声をよくすることができる。

ほうれんそう

【ほうれんそう】

ビタミン類や鉄分を多く含み、「総合栄養野菜」という別名もある。筋肉発達にも最適な食材で、エクジステロンという成分には、ドーピングと同様の筋肉増強作用があるとされている。アメリカの漫画・アニメキャラクターの「ポパイ」は、セーラー服姿の小さな男だが、ほうれんそうを食べると力こぶが盛り上がり、パワーアップする。ほうれんそう嫌いな子どもは多いが、この漫画やアニメを見て触発され、ほうれんそうを食べるようになった子どももいる。

ほえいぺぷちど

【ホエイペプチド】

牛乳に含まれるホエイプロテインを酵素分解したもの。トレーニング中や直後の補給により、筋肉の疲労回復、修復を促進し、筋肥大、筋力アップがはかれるとされ、ハードトレーニーに注目されている。

ぼかい

【ボ界】

ボディビル界の略。そこまで広く浸透していない。

ほしいも

【干し芋】

甘党トレーニーが重宝するおやつのひとつ。糖質とともにタンパク質も比較的多く含み、筋肉づくりのエネルギーになる。焼き芋よりカロリーが高いので、ダイエット

目的の人は少量に留めたい。

ほそまっちょ

【細マッチョ】

筋肥大をそこまで求めず、筋力と脂肪燃焼によって絞り上げられた細身の体型。定義はないが、体脂肪率10 ～ 15％程度、BMI20 ～ 23程度という人もいる。細マッチョを目指すには、瞬発力の速筋よりも持久力の遅筋を鍛えるのがおすすめ。アスリートでは、ボクサーなど体重制限のある格闘競技の選手、陸上競技ではマラソン選手の体型が細マッチョといえよう。また、マッチョの場合は服を着ていても筋肉の存在感が出ているが、細マッチョの場合はわからない。ガリガリに見えて実は細マッチョというケースもある。

ぼたん

【ボタン】

トレーニングで筋肉が肥大化しているのにもかかわらず、以前と同じ衣服を着用していると、シャツなどのボタンが弾け飛ぶことがある。なお、おなかが大きくなって（太って）飛ぶ場合もある。

ぼでぃからーりんぐ

【ボディカラーリング】

ボディメイクコンテストで肌の色を変えること。JBBFは、大会によっては公認カラーリングサロンによるボディカラーリングのみを認めている。サロンでカラーリングを行った場合、サロンから発行される「カラーリング利用証明書」を提出する必要があるなど徹底している。なお、サロンはJBBFのWEBサイトに掲載されている「JBBF指定カラーリングサロン一覧」で確認できる。カラーリングすることで筋肉の凹凸が際立ち、印象が格段によくなる。

ぼでぃびる

【ボディビル】

「ボディビルディング（BodyBuilding）」の略語。ボディビルディングは、単に走ったり泳いだりして筋肉をつくるのではなく、科学的な手段で筋肉を刺激し、次第に大きく発達させる技術をさす。1947年にカナダでボディビルの組織がつくられ、ボディビルの世界大会が公式に開催された。ちなみにこの年にアーノルド・シュワルツェネッガー（P24）が生まれた。しばらくして日本にもボディビルが普及し、昭和30年代にプロレス人気もあって第一次ボディビルブームが起きたとされる。日本のボディビルダーの人口は世界と比べるとまだ少ないが、世界と肩を並べられるレベルで活躍している。また、女性の競技者は全体としては少ないものの、増え続けている。高校生の大会、80歳台のクラスなど、競技者の年齢の幅も広がっている。

ぼでぃぷろふぃーる

【ボディプロフィール】

顔写真やバストアップの写真に代わり、昨今、全身の写真、しかも筋肉を見せる写真を撮る人が増えている。ボディプロフィールを専門とする撮影スタジオもあり、ボディカラーリングとも連携し、ボディコンテストさながらの仕上がりでの撮影が可能だ。その写真が筋トレのモチベーションにもなる。ヌードやそれに近い撮影を希望する人もいるそうだ。また、パーソナルトレーニングとプロフィール撮影をセットにしたプランを提供するところもある。

ぼでぃまっぷ

【ボディマップ】

自分の脳の中にある「身体の地図」のこと。赤ちゃんのときは身体の全体像がわからないため、手をなめたり、手からの感覚や視覚で確認したりしながら徐々にボディマップを形成していく。また、自分の身体を知ることで、脳で感じるものとのズレを正していくことを「ボディマッピング」といい、さまざまなスポーツで取り入れられている。筋トレであればターゲットの筋肉、動かしている筋肉や関節を意識することで、身体と脳が一致し、トレーニング効果を高められる。

ぼでぃめいく

【ボディメイク】

「健康的で美しい引き締まった身体を目指す」こと。減量ではなく、理想的なボディラインに近づくことを重視して、筋トレをはじめとするトレーニングや食事管理を行うのが特徴だ。身体に化粧をする「ボディメイク」は別物。

ぽてち

【ポテチ】

ボディメイクコンテストの直前や当日の食事にて、水抜き（P157）をするためにポテトチップス（通称ポテチ）を食べる人がいる。ポテチに含まれる炭水化物（糖質）は身体を動かすエネルギーとなる。さらに、タンパク質と一緒に摂取することで、アミノ酸合成が促進される。ちなみに鈴木雅氏（P88）は、インタビュー記事にて「デカくなりたくば、肉よりご飯。ポテチはふりかけ」というコメントをしている。

ぼとむすとっぷ
【ボトムストップ】

筋トレ種目において、ボトムポジション、つまりバーベルやダンベルを下ろしきった姿勢で数秒間停止し、トレーニング強度を高める方法。一般的にスクワットやベンチプレスに用いられ、すべての種目で実施できるわけではない。

ぼぶ・さっぷ
【ボブ・サップ】

アメリカ出身の元総合格闘家。「野獣」を意味する「ビースト」というニックネームでも親しまれた。「暗黒肉弾魔人」という異名も持つ。大きく厚い筋肉によるパワーだけでなく、アメフト経験があることから機動力にも優れており、躍動的な試合ぶりに日本人は魅了された。また、キャラクター性が高く、テレビ番組やCMでも人気だった。

ぼりゅーむ
【ボリューム】

筋トレで1回に行うトレーニング量のこと。一般的に「重量×レップ数×セット数」の算出が定義とされている。このボリュームを最大化していくことで、筋肉も発達していく。

ほるもん
【ホルモン】

体内にある化学物質。主に内分泌臓器や組織でつくられ、100種類以上ある。筋肉づくりに働く成長ホルモンやテストステロン(P107)、脳の活性や精神安定に関与するセロトニン(P94)やノルアドレナリンなどが代表的。ホルモンの分泌量は身体を動かすことで増えるものもあるので、運動と分泌の相乗効果が生まれる。

ほわいとにんぐ
【ホワイトニング】

歯の表面に薬剤をぬって歯を白くすること。白い歯は清潔感があり、好印象のひとつの要素である。ボディメイクコンテストに出場する選手がホワイトニングをしているという都市伝説があるが、真相は明らかになっていない。黒光りした肌に白い歯が際立っているのは確かだ。

ぼんどがーる
【ボンドガール】

1962年の放映からシリーズ化している映画『007』において、主人公のジェームス・ボンドに敵対する女性人物たち。歴代のボンドガールに肉体美が求められているのは、初代ボンドガールのウルスラ・アンドレスが、肉体とビキニの組み合わせを世の中に知らしめたのがきっかけだったともいわれている。

ま

まいんどまっする こねくしょん
【マインドマッスルコネクション】

対象とした筋肉を意識して筋トレを行うこと。トレーニングの目的や、ターゲットの筋肉を理解すると、トレーニングが効率化する。これは心と肉体のコミュニケーションともいえる。筋トレは筋肉との会話である。

まうすがーど
【マウスガード】

歯の矯正目的や、スポーツ選手が接触の衝撃から歯やアゴを守るために活用する。歯を食いしばることで筋力を発揮しやすくなることから、筋トレ中に使用する人もいる。ボクシングなどの格闘技では「マウスピース」と呼ばれる。ちなみにトレーニーの中には、かみ合わせをよくするために歯の矯正をする人もいる。

まきがた
【巻き肩】

腕が前方に入りこんだ状態のこと。肩の位置だけ矯正するのは一時的な処置にすぎず、根本的には姿勢矯正と筋肉の改善が必要。背中と胸の筋肉のトレーニングに加え、腕まわりのストレッチが効果的だとされる。

まきわりすくわっと
【薪割りスクワット】

体幹を含め、全身の筋肉を使う薪割りの動作を取り入れたスクワット。膝を曲げた状態で斧を振る動作を数回加えたものだ。なお、キャンプ場で薪割りをし、筋トレしているキャンパーもいるらしい。

まぐまいざー
【マグマイザー】

2017年にBS スカパー!で放送された特撮ヒーロードラマ。AV 男優だけが持つ桁違いの「マグマ粒子」をエネルギー源として変身するという一風変わった設定で、変身すると盛り上がった筋肉と絞りこまれた肉体にパワーアップ。企画、脚本、監督は、『うんこドリル』の著者でもある古屋雄作氏。

まぐろ
【マグロ】

筋肉づくりに貴重な食材。タンパク質やEPA・DHA、ビタミンB群、ミネラルなどが豊富に含まれており、筋肉の合成や修復、炎症の抑制、インスリン感受性の向上、脂肪燃焼の促進などの効果がある。脂肪の少ない赤身を中心に食べるとよいだろう。

ましんまち

【マシン待ち】

ジムでのマシンを使用する順番待ちのこと。人気のマシンは競争率が高い。長時間独占している人もいるため、ジムによってはマシンの利用制限時間を設けている。筋肉を必要以上待たせないように、トレーニングメニューの選択肢を増やしておくとよい。

ますもんすたー

【マスモンスター】

すさまじい肉体の持ち主を「モンスター」と表現することがあるが、その中でも特別扱いされる者が「マスモンスター」と称される。ミスターオリンピアを制した選手のうち、ドリアン・イェーツ、ロニー・コールマン（P180）、ジェイ・カトラーの３人だ。進化するボディビル界にて３人を超える人材も多数出てきており、これらの逸材をなんと表現するべきだろうか……!?

まぜぷろていん

【混ぜプロテイン】

粉末プロテインを使ったアレンジ料理が増えている。スープやカレーなど液状のものに混ぜるほか、パン、クッキー、ホットケーキなどの粉物などに混ぜることもある。これらは商品化もされている。また、昨今のプロテインには、チョコレート味やコーヒー味などの数多くのフレーバーがあり、料理によってはこのフレーバーをいかすこともできる。

まちぎうえあ

【街着ウエア】

フィットネスウエアやトレーニングウエアを街着にすること。「フィジタル パフォーマンス クロージング」をコンセプトにするブランド「CRONOS（クロノス）」は多くのトレーニーに支持されており、TOKYO店はハイファッションのブランドが集まる南青山に店舗を構える。アメリカなど海外では、トレーニングウエアで街を颯爽と歩く人を多く見かけるが、日本でも筋トレブームによって同様の文化が生まれている。

まっさーじがん

【マッサージガン】

筋肉を振動させてこりをほぐすマッサージ機器。筋肉疲労を緩和する効果があると注目されている。家庭用電動マッサージ機器が、アスリートの肉体を管理するまでに進化しているのだ。

まっしぶ

【マッシブ】

極度に筋肉が発達し、威圧的なイメージがつくられている状態。一つひとつの筋肉の大きさは、ボディメイクコンテストの審査の評価基準のひとつである。英語「massive」は「巨大な」「非常に重い」という意味。マッチョと同様の使われ方をされることもある。

まっする・あんど・ふぃっとねす

【マッスル・アンド・フィットネス】

アメリカで発行されているトレーニング&スポーツニュートリションの情報発信マガジン（月刊）。トレーニング方法、栄養学、スポーツ医学、スポーツ科学など、筋肉づくりの情報が満載だ。海外37カ国で翻訳版が発行されており、世界最大のフィットネス専門誌といえる。日本語版は休刊している。

まっするでり

【マッスルデリ】

ダイエットやボディメイク、健康な“カラダづくり”に取り組む人に最適な栄養素の食事を宅配してくれるサービス。株式会社YOUR MEALが運営する。女性ダイエット用、男性ダイエット用、増量用、低糖質ダイエット用の4つのカテゴリーから選択できる。目的や体型に合わせて無料で食事診断するシステムも提供。セット数や宅配の周期も選択できる。筋トレの時間は取れるが、食事の準備の時間がないという人や、最適な栄養バランスの食事を選びたいという人などに重宝されている。

まっするびーち

【マッスルビーチ】

アメリカ・ロサンゼルスにあるベニスビーチのブロードウォーク沿いの通称。筋肉自慢の男女が屋外ジムでトレーニングをしており、ボディビルや筋トレの聖地ともされる。日本では沖縄県北谷町の「安良波公園アラハビーチ」がマッスルビーチと呼ばれる。

まっするぷらす

【マッスルプラス】

「日常に筋肉をプラス！」をテーマにした、マニアックなマッチョのフリー写真&音声素材サイト。ケーキ屋さんマッチョ、異世界転生マッチョ、遺跡のマッチョなど、需要がなさそうでありそうでなさそうなユニークな写真がアップされている。運営は株式会社スマイルアカデミー。

まっするぼんばー

【マッスルボンバー】

1997年にハドソン（現・KONAMI）より発売されたスーパーファミコンソフト『スーパーボンバーマン5』に登場す

©KONAMI

るボスキャラ。筋骨隆々の肉体でパワーグローブの能力を使い、プレイヤーキャラのボンバーマンに爆弾を投げてくる。

まっするみゅーじかる

【マッスルミュージカル】

2001年に立ち上がったオリジナルミュージカル作品。基本コンセプトは「筋肉で音楽を奏でる」。一時期、休演したが、2018年に復活。日本各地に散らばる筋肉パフォーマーが集結し、筋肉系オールスターの競演とあいなった。

まっするめもりー

【マッスルメモリー】

筋トレによって筋線維の核が増えることがわかってきている。その核は筋トレをやめて筋線維が細くなっても、10年前後は残り続けると考えられている。これは「マッスルメモリー」といわれるメカニズム。過去に鍛えていた人が筋トレを再開すると、筋トレをやめる前の身体に戻りやすいといわれている。記憶されている期間は10年とされるが、個人差がある。また、日常的に筋トレする人は、数週間休息しても短期間で筋肉を取り戻すことができる。

まっするもんすたーつー

【マッスルモンスター 2】

さがみ湖リゾート「プレジャーフォレスト」（神奈川県相模原市緑区）にあるアトラクションの名称。3階層のアスレチックエリアと屋上展望台で構成され、93種類のアクティビティを、絶景とスリルを味わいながら楽しめる。標高370mでのクライミングは、筋力だけでなく、気持ちの強さも試される。

まっする・れぼりゅーしょん

【マッスル・レボリューション】

NHK教育テレビの番組『うたっておどろんぱ！』内で放送された楽曲。「俺の筋肉が熱くなる」という歌い出しから、筋肉に関わる歌詞が続くユニークな楽曲で、しばしば運動会の演技で使われていた。『NHK うたっておどろんぱ ～こころの こえを きかせてよ～』（2003年発売）のCDに収録されている。

まっそー

【マッソー】

英語のマッスルの発音が「マッソー」と聞こえることから、合言葉やかけ言葉として使用されることが多々ある。なかやまきんに君（P113）が歌う『ザ☆マッソーサイズ』では、歌詞にも「マッソー」の言葉が何度も出てくる。そのほか、漫画、アニメなどでも「マッソー」は多用されているので、マッスルに変わる筋肉を表す言葉として認知されている。

まっちょ

【マッチョ】

筋骨たくましい様。「macho」は英語で「男性的な」、スペイン語で「雄の～」という意味があるが、マッチョ女子やマッチョウーマンといった言葉があるように、現代の日本では肉体をさす言葉として浸透している。「マッチョポーズ」という言葉も浸透しているが、定義はない。ダブルバイセップスや、モストマスキュラーをイメージする人が多いと思われる。

まっちょ。

【抹茶ョ。】

京都府宇治市のキャラクター。たくましい肉体で体脂肪率は2%、穏やかな心で丁寧にてん茶（抹茶のもととなるもの）を挽くことで茶壺から現れるという設定。乱れた心で挽くと自慢の筋肉がたるんでしまう。

©チャチャ王国のおうじちゃま

まっちょーれおーれでらっくす

【マッチョーレオーレDX】

漫画『ふしぎ駄菓子屋 銭天堂』（作：廣嶋玲子氏、絵：jyajya氏、発行：偕成社）の15巻にて取り上げられた駄菓子。飲むと細胞を異常に活発化させ、筋肉をつけることができるもの。しかし、海やプールに入ると体がパンパンに膨れ上がってしまう悲劇が待っている。筋肉は日々のトレーニングでつけるべきだという教訓か。

まっちょいずむ

【マッチョイズム】

男性的な強さを意味する。スペイン語で、家庭や職場などで男性が優遇されていることを示す男性優位主義のことを「マチスモ」といい、これに英語の「イズム（主義）」を合わせ、マッチョイズムという和製語が生まれたとされる。無論、この思想は現代社会で受け入れられない。また、身体がマッチョな人がマッチョイズムに侵されているとは限らない。

まっちょかいごし

【マッチョ介護士】

愛知県津島市にあるグループホーム「NOIE TSUSHIMA（ノイエ ツシマ）」では、筋肉隆々の若者が介護士として所属している。ほかにも強靭な肉体を持つ人材を求める職業は多い。自分のために鍛え上げた肉体を人のために使うのは、マッチョのかがみだ。

まっちょかふぇ

【マッチョカフェ】

メイドカフェ、執事カフェ、猫カフェなど、飲食とは別の魅力を打ち出すカフェが

増えている中、店員がマッチョだらけというカフェも出現している。タンクトップ姿のマッチョが店を切り盛りし、メニューもプロテイン入りのドリンクのほか、オートミールや鶏肉、ブロッコリーといった筋肉づくりに役立つ食材を揃えている。

まっちょきゃらぼいす

【マッチョキャラボイス】

マッチョなキャラが登場するアニメが増えており、マッチョキャラの声も注目されている。声からたくましさを感じられるということで、イケメンボイスの新たなジャンルを築きつつある。

まっちょぐるめ

【マッチョグルメ】

『少年ジャンプ+』(集英社)にて、2017年に連載された筋肉と食欲の織り成すグルメ漫画。著者は『筋肉島』も手がける成田成哲氏。筋肉の化身とも呼ばれるボディビルダーの主人公は、常に厳しく食事を管理しているが、チートデーを迎えると一変。本能の赴くまま、自らの欲するものを食す。トレーニングもチートデーも全力を尽くす様が、トレーニーの共感を呼んでいる。

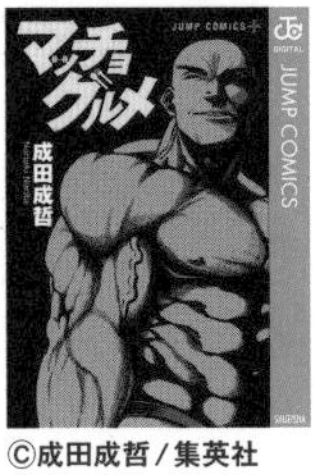

©成田成哲/集英社

まっちょこ

【マッチョコ】

プロテイン入りチョコ。もしくは、チョコ入りプロテイン。筋肉を育てている人や、甘いものが好きなのにカロリーを気にして食べられない人へのバレンタインの贈り物としても喜ばれる。

まっちょばー

【マッチョバー】

マッチョな店員が切り盛りするバーはいくつかあるが、どの店もスタッフの筋肉パフォーマンスのサービスがある。有料のものもあれば無料のものも。また、フードやドリンクは筋肉づくりに役立つものを揃えているところもある。店名は「マッスルバー」「マッスルスナック」などさまざまだ。

まっちょばすつあー

【マッチョバスツアー】

ボディビルに励むマッチョと一緒に旅をするバスツアーのこと。クリエイティブカンパニーの株式会社ハイが企画したもので、メディアでも取り上げられた。VIP指定席の設置、お姫様抱っこサービス、撮影サービスなど、観光でも車の中でもマッチョの魅力を存分に浴びることができる。

まどふきすくわっと

【窓拭きスクワット】

窓の掃除をしながらするスクワット、もしくはスクワットをしながら窓を掃除するトレーニング。上下の動きに、左右の動きを加えるなど筋肉を動かす幅も広い。筋肉に限界を感じたのにまだ汚れが残っているときは、楽な姿勢で掃除しよう。ここでの目的は窓をきれいにすることだ。

みーとぐっぱい

【ミートグッバイ】

強い力がかかったことで筋肉が部分的に断裂する症状を「肉離れ」という。スポーツのほか、重い重量で筋トレをする際にも肉離れのリスクが高まる。「肉＝ミート」、「離れる＝バイバイ」という置き換えで、ミートグッバイと呼ぶこともある。元プロ野球選手・監督の長嶋茂雄氏の語録として知られる。

みけらんじぇろ

【ミケランジェロ】

筋肉美を描く芸術家で、ルネサンスの三大巨匠とも呼ばれる。「美は、余分なものの浄化である」という名言がある。ダビデ像をはじめとする彫刻のほか、絵画作品も多数残しており、『最後の晩餐』では天使の群像がそれぞれ余分なものを浄化した肉体で描かれている。

みこしがた

【神輿肩】

たくましい肉体の持ち主でも神輿を担いだあとは、特に肩の筋肉痛を伴う。神輿を担ぐには肩の筋肉の強化が必要で、鍛え上げられた肩を「神輿肩」という。三角筋のトレーニングが中心で、両手に持ったダンベルを口の位置くらいにセットして上げるショルダープレスが効果的だ。広背筋や大胸筋を鍛えると、肩幅がより広くなる。ちなみに神輿を担ぎ続けると肩にタコができ、これを「神輿ダコ」という。

みしまゆきお

【三島由紀夫】

戦後の日本の文学界を代表する作家。数多くの作品を生みだす傍ら、自身の肉体もつくり上げていたことで有名。『鏡子の家』にある一節に「筋肉は筋肉それ自体を目的として鍛えられねばならない」とある。解釈は読み手の自由だが、筋肉を鍛える目的は、見た目のため、ボディメイク競技として、スポーツの能力向上、健康増進など人それぞれあるだろうが、トレーニングしているときはそれらの目的は別にして、ただただ「筋肉を鍛える」ということだけを目的にするべきだともとらえられる。

みすたー・おりんぴあとみず・おりんぴあ

【ミスター・オリンピアとミズ・オリンピア】

IFBBによって開催されている国際的なボディビル大会で、プロ・ボディビル界の最高峰とされる。ミスター・オリンピアの歴代の優勝者には、“伝説”と称されるセルジオ・オリバ、アーノルド・シュワルツェネッガー（P24）、ロニー・コールマン（P180）などがいる。日本人では山岸秀匡氏（P168）が212クラス（体重96kg以下のクラス）で2015年に3位に入賞した。

みすたーにほんぼでぃびる

【ミスター日本ボディビル】

1956年に日本ではじめて開催されたボ

ディビルの大会名。正式名は「日本男子ボディビル選手権大会」。初代ミスター日本の栄冠を獲得したのは、当時19歳で会社員だった中大路和彦氏。“逆三角形の美男”とも称された。ここから日本のボディビルが競技としての進化を始めたといえる。

みすたーぱーふぇくと

【ミスターパーフェクト】

日本ボディビル選手権で2001 ～ 2004年の4連覇を達成した田代誠氏のビルダーネーム。深夜にトレーニングをしていたことから「真夜中のチャンピオン」とも呼ばれ、コンビニ飯で栄養補給していたことも有名。現在、ゴールドジムを展開する株式会社THINKフィットネスの取締役を務める。

みずぬき

【水抜き】

皮膚下の水分を極限まで抜いていき皮膚を薄くすることで、筋線維やカットを目立たせる。ボディメイクコンテストの競技において、最終調整として肉体を仕上げる行為のひとつである。また、塩分は水分をためこむため、塩抜き（P78）も行われる。ただし、水分不足は血液量の減少をはじめ体内に悪影響を及ぼすので、昨今は水抜きの調整方法の見直しや、当日のみの水抜き、塩抜きのみなど調整方法には個人差がみられる。

みす・ゆにばーす

【ミス・ユニバース】

1952年から続く国際的ミスコンテスト。容姿や所作の美しさを審査するもので、筋肉をほどよくつけるという、これはこれで難しい肉体づくりが求められる。例えば腹筋は割るのではなく、縦に線が入るくらいがよいとされている。その時代における美の定義を提案しているコンテストであり、肉体づくりのあり方も時代によって変化している。

みぞおちゆるめすとれっち

【みぞおちゆるめストレッチ】

みぞおちから腹直筋をゆるめることで、横隔膜の動きを円滑にし、呼吸をしやすくするストレッチ。インナーマッスルが刺激されることで、筋トレ効果も高まる。方法は正座をし（もしくは椅子に座って）、両手の指先をみぞおちに当て、上体を倒しながら息を吐き、指先をみぞおちに食いこませるようにしていく。

みつど

【密度】

筋線維がギュッと詰まったような筋肉の状態。ボディメイクコンテストの審査の評価基準のひとつとされる。「筋密度」とも呼ばれ、筋肉内のすべての筋線維を網羅的に鍛えることで、筋密度が高くなる。筋線維は大きく速筋（P96）、遅筋の2種類に分類され、速筋は筋肥大（P62）しやすく、遅筋は持久力に富んでいる。

みとこんどりあ

【ミトコンドリア】

細胞の中にある器官。骨格筋細胞においては速筋（P96）よりも遅筋のほうが多く含む。つまり、持久的な運動を継続的に行うことでミトコンドリアの量を増やすことができ、熱エネルギーが増加して太りにくい、また疲れにくい身体をつくることができる。

みにまりすと

【ミニマリスト】

所有物の量を限りなく減らし、生活の質を維持する人。トレーニーのミニマリストの特徴はキッチンのシンプル化である。筋肉のためになる食事を追求した結果、食材は限られ、それによって調理器や調味料も厳選される。プロテインを食事の中心にしている人は食材の保管が必要ないことから、冷蔵庫を持たない人もいるらしい。

みねらる

【ミネラル】

五大栄養素のひとつ。トレーニング中や前後では、血液の循環をよくするために水分補給が欠かせないが、水だけの補給だとミネラル不足になりがち。必須ミネラルにはナトリウム、塩素、カリウム、カルシウム、マグネシウム、リン、硫黄、鉄、亜鉛、銅、マンガン、コバルト、クロム、ヨウ素、モリブデン、セレンがある。ミネラルは筋肉づくりに大切な栄養素で、その中でもカルシウムは筋肉の収縮、マグネシウムは筋肉の弛緩に関与しており、マグネシウムが不足すると筋肉がつりやすいといわれているため意識的に摂取するとよい。

みらーとれーにんぐ

【ミラートレーニング】

鏡の前でエクササイズすること。昨今、AIを駆使した高度技術のミラートレーニングがあり、「フィットネスミラー」と呼ばれる。「ライブルーム配信機能」によって、スマホやパソコンから配信し、トレーナーに自分の姿を見てもらいながらリアルタイムでパーソナルトレーニングが受けられる。

みらのろーる

【ミラノロール】

腕まくりのことで、イタリアの男性がする魅力的な仕草から生まれた言葉。「ミラノ

まくり」ともいう。シャツから出ている腕の筋肉に魅せられる女性が多い。気をつけたいのが、まくり方だ。きれいにシャツを折り畳んだり、ロール部分が大きくなりすぎたりすると魅力は出ない。“さりげなく”というのが胸キュンポイントだ。

みんなできんにくたいそう

【みんなで筋肉体操】

「テレビを見ながら出演者と一緒に5分間の筋トレ。それで引き締まった理想的なボディを手に入れよう！」というキャッチコピーで、NHKで放送されているミニ番組。2018年8月放送後、日本中で話題となり人気番組に。指導者は運動生理学者、トレーニング科学者の谷本道哉氏。幅広い年齢層に身体を鍛える意義が広まっている。DVDや書籍も発売されており、過去の放送回の内容を見ることもできる。

筋肉雑学

ミオクローヌス

短時間の筋肉の収縮運動のこと。うとうとしている寝入り際に、自分の意思とは関係なく手足の筋肉が動いて、ビクッとすることがあるだろう。健康体の人にも起こる現象だが、神経疾患や頭部外傷、肝不全などの可能性もあり、個人での鑑別は難しい。医療機関を受診するべきだ。

むーちょまっちょまん

【ムーチョマッチョマン】

アメリカの競走馬。2013年に2レースでG1（最高の格付け）を制している。競走馬はすさまじい筋肉の盛り上がりとカットのキレがある肉体だが、特にダートを主戦場とする馬は筋力が強い。ムーチョマッチョマンは馬名通りの肉体を躍動させ、ダート界の王者として君臨した。

むきかわじょし

【ムキカワ女子】

「ムキムキなのにかわいい女子」の略語。「ムキカワアイドル」など、筋肉をつけた女性が多方面で注目されている。また格闘技でも女性が躍進しており、戦いぶりとルックスの両面で人々を魅了している。ボディビルの全国大会「オールジャパン・フィットネス・チャンピオンシップ2023」では、現役女子高生が最年少出場を果たした。女性のボディメイク競技でも若手が台頭している。

むぎちゃ

【麦茶】

スポーツドリンクやプロテインのほかに、麦茶は筋トレをはじめ、スポーツ時の飲み物に最適とされる。カフェインが入っておらず、ミネラルが豊富だからだ。なお、カフェインは交感神経を刺激するため、スポーツ前の補給の有効性を認められているが、同時に血管を収縮させる作用もあり、良し悪しの判断は分かれる。筋トレ中は発汗によってミネラルが流出する。麦茶の商品の中には、カリウムや亜鉛を豊富に含んでいるものがあり、スポーツドリンクの代わりとなる。

むきむき

【ムキムキ】

筋肉が盛り上がっているさま。この言葉を連続させた「ムッキムッキ」には馴染みがないが、「ムッキムキ」とすると馴染みが出てくるのは不思議。ちなみにドイツ語で筋肉の意味である「mucki（ムッキ）」との関連性は不明。

むきむきかっぷるわいるど

【ムキムキカップルワイルド】

マッチョな上半身をしたマグカップ。男性バージョンは、ウエストアップでこんがりした肉体。女性バージョンは、お尻から上の半身でビキニ姿だ。ともにボディビルのサイドチェスト（P53）のポージングをしている。ムキムキの恋人同士で揃えるのもよし、トレーニーへのプレゼントとしてもよし。

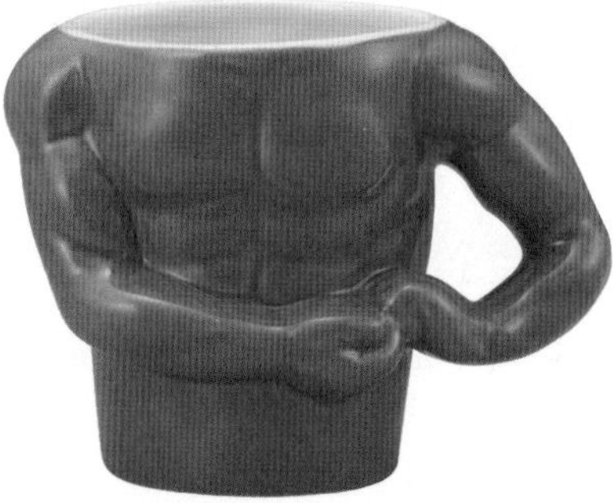

むきむきといかぷせる

【ムキムキトイカプセル】

生き物を筋肉キャラにしたもの、マッチョポーズのミニフィギュア、トレーニング器具やマシンのミニチュア玩具など、ムキムキをテーマにしたトイカプセルが多種多様に展開されている。子どものエンターテインメントだったトイカプセルは、昨今、大人にも人気。時代を反映したアイテムが多く、その中で筋肉アイテムが存在感を放っている。

むきむきまんのえんぜるたいそう

【ムキムキマンのエンゼル体操】

1978年にテレビ朝日のバラエティ番組『出没!! おもしろMAP』から生まれたキャラクター。古代ローマ戦士をイメージした扮装でブレイク。同年に森永カリンチョのCMに出演した。エンゼル体操は、大胸筋をピクピクさせながら不思議な動きをするムキムキマンのダンス。『ムキムキマンのエンゼル体操』の曲名のシングルレコードも発売された。

むくみ

【むくみ】

長時間の同じ姿勢、運動不足、体の冷えなどによって血行が悪くなり、または水分や塩分の過剰摂取によって体内の水分量が増えることなどで起こる症状。むくみ予防には血行促進が有効で、運動が適している。筋トレを行うことで筋肉痛は伴うが、むくみは解消される。

むさんそうんどう

【無酸素運動】

筋肉を動かすためのエネルギーを、酸素を使わずに供給する運動のこと。一般的に高い筋力を短時間で発揮する運動で、筋トレやダッシュ、ウエイトリフティングなどが代表例。無酸素といっても呼吸をしないわけではない。

むちをうつ

【ムチを打つ】

肉体や精神を極限まで追いこむこと。筋トレはまさにムチを打つ行為である。また、体幹を鍛えるためのムチを使ったトレーニングある。使用するのは「スポーツウィップ（別名：スポーツムチ）」という道具で、スポーツウィップを振って音を鳴らしたり、標的を倒したりする。体幹を安定させ、全身の筋肉をバランスよく使わなければスポーツウィップはうまく振れない。なお、競走馬にムチを入れるのは筋肉への刺激ではなく、ペースを上げるなどの合図の役割がある。

むてきのじいちゃん

【無敵のじいちゃん】

NHKのテレビ番組「みんなのうた」で2009年の6月に初回放送された歌。歌手は当時63歳のボディビルダーだった。「じいちゃんの筋肉ムッキムキー」という歌詞から始まり、ヤル気満々のおじいちゃんのアニメーションから元気が届けられた。

むねぴく

【胸ピク】

大胸筋を上下に動かして、人の視線を集めるテクニック。これをゲーム化したのが、なかやまきんに君（P113）の「筋肉ルーレット」。二択の際、左右の大胸筋を交互に動かして、最後に激しく動いて止まったほうが当たりだったり、決定だったりするもの。大胸筋を持ち上げるようにして脇を締め、大胸筋に「力を入れる」→「力を抜く」を繰り返すのがコツ。

筋肉雑学

胸板は丸い？

筋肉で盛り上がった胸部を、なぜフラットな板に例えるのか？ それは大胸筋のインナーマッスルに「腱板」と呼ばれる板状の腱があり、これが重なっているからである。ちなみに胸板は、武士が着用する鎧の胴の前面にある最上部の名称でもある。鍛え上げられた肉体を鎧と表現することがうなずける。

めがみきん

【女神筋】

骨盤底筋の通称。子宮と関連のある筋肉であることから名づけられたと思われる。骨盤底筋を強化する方法として「女神筋エクササイズ」と名づけられたものもある。

めっせーじぶっしつ

【メッセージ物質】

人体はあらゆる臓器や細胞が情報を出し、ほかの臓器へ伝達していることがわかっている。これらの生理活性物質を俗称として“メッセージ物質”と呼ぶことがある。筋細胞からも生理活性物質が分泌されており、この総称を「マイオカイン」という。マイオカインのひとつにミオスタチンがある。ミオスタチンは、筋肉が必要以上に成長しすぎないように、周囲の筋細胞に成長を抑制するメッセージを出す。筋トレをしても筋肉が無限に増えないのは、ミオスタチンの仕業でもある。

めでぃしんぼーる

【メディシンボール】

筋トレ器具のひとつ。1 ~ 5kgが中心で、重いもので20kgある。さまざまな使い方があるが、腹筋で起き上がった状態から足を浮かし、ボールを左右に動かす「ロシアンツイスト」が有名。また、ソフト素材で弾むので、バランスボールでのトレーニングの代用にしたり、地面に投げて拾ったりといった単純なトレーニングもできる。スポーツ選手のトレーニングにも取り入れられることが多い。中にはバスケットボールで代用する人もいるが、バスケットボールは7号サイズで約600gと軽い。ちなみにスイカも同じようなサイズで、中玉は3 ~ 4kg、大玉だと10kgほどある。

めらとにん

【メラトニン】

脳から分泌されるホルモンのひとつ。筋トレでも分泌されるセロトニンが材料となり、生成される。メラトニンは体の疲労回復のほか、睡眠を促す効果がある。睡眠の質を求める場合、副交感神経が優位になっていなければならないので、就寝直前に筋トレをして交感神経を刺激しないようにしたい。ただ、筋トレ後は体温が下がり、成長ホルモンの分泌によって眠気が発生することもあるので、一概にはいえない。

めりーくりすまっする

【メリークリスマッスル】

フィットネスブランド「VALX（バルクス）」を展開する株式会社レバレッジは2022年のクリスマスシーズンに「メリークリスマッスルツリー　サンタになれなくても、ツリーにはなれる。」というキャッチコピーの広告を展開した。コピーの隣には鍛えられた背筋のモデル写真。広背筋でできる三角形をクリスマスツリーに見立てたコピーで、ボディビル大会のかけ声としても使われることがある。

めりはり

【メリハリ】

バストやヒップに張りがあり、ウエストや関節まわりは余分な肉を減らして引き締まった身体のこと。筋肉単体でも使われることがあり、その場合はキレのある筋肉のことをさす。なお漢字では「減り張り」と書き、強弱を表す意味で使われる。

めろんがた

【メロン肩】

大きくなった三角筋を称する言葉であり、ボディメイクコンテストでの定番のかけ声。「肩メロン」ということもある。人材募集要項に「メロン肩採用」を打ち出した建築関連の企業もあるほど、履歴書に記載する資格と同様のPR力を持つ。肩をメロンのような球体にするには、三角筋の前部と側部、後部をまんべんなく鍛えることが求められる。

めんえきまっちょさいぼう

【免疫マッチョ細胞】

筋トレの効果のひとつが免疫力アップ。筋トレで体温が高くなると、血液中の白血球に含まれる免疫細胞が活性化する。体内にはさまざまな免疫細胞があるが、宿主の適度な筋トレによってそれぞれがたくましくなり、それはまさに免疫マッチョ細胞軍団と呼ぶのにふさわしい。ただし、疲労が強すぎると免疫細胞が衰弱することもある。

もーたーゆにっと

【モーターユニット】

筋肉は筋線維が束になって構成されている。1本の神経が複数の筋線維を動かしており、この神経が支配している複数の筋線維のことを「モーターユニット（＝運動単位）」という。しかし、すべてのユニットが動いているわけではない。つまり休んでいる筋線維もあるのだ。より多くのユニットを動かすことが筋肥大（P62）や筋力の向上につながるため、高重量トレーニングによって多くの筋線維を動員することが求められる。

もすとますきゅらー

【モストマスキュラー】

“最も発達した筋肉”という意味のあるボディビルポーズ。フリーポーズやポーズダウンでの代表的なポーズである。僧帽筋や三角筋、上腕二頭筋が強調される。ポーズの規定はないため、大胸筋を主張する場合や腕を重ねてアレンジする場合もある。

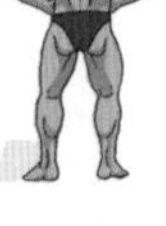

もち
【餅】

消化が速く、エネルギー補給に有効なため、筋トレ前の食事に最適な食材。もち米のデンプン成分であるアミロペクチンは、疲労回復効果が高い。また、日本では「力餅」というように、餅と肉体は深い関係にある。例えば1歳の誕生日を祝う際に、一升餅を背負うしきたりがある。一生食べ物に困ることなく、健康でいることを願うものだ。ちなみに餅つきは、薪割りスクワット(P150)と同等のトレーニング効果がある。

もちべーしょん
【モチベーション】

目的を果たすための原動力となるもので、「意欲」ともいう。モチベーションアップは個人の問題なので、他人に委ねられるものではないが、パーソナルトレーナーはトレーニーが気持ちよくトレーニングするためのコントロールも行う。また、自分の成長を楽しむことや、努力したことに充実を覚えることを内的モチベーションとか、内発的動機づけという。これは筋トレで確実に得られるものだ。

もっこり
【もっこり】

筋肉の盛り上がりをさす。太ももやふくらはぎなどに脂肪がついた状態、肩のこった状態に使われることもある。また、漫画・アニメ『シティハンター』では主人公の冴羽良が股間を硬直させた際の表現でも使用されているように、別の意味も持つので、使い方に注意が必要。同漫画に登場する元傭兵の「海坊主」は筋肉もっこりで、肉体で銃弾を跳ね返すシーンもある。

もてきん
【モテ筋】

モテることを目的に身体を鍛えている人もいる。これは生物の特性かもしれない。例えば草食動物なのに筋肉モリモリのカンガルーは、求愛アピールに上腕を曲げて筋肉を見せる習性がある。自身の推し筋と、相手が魅力を感じる筋肉が一致したとき、関係性が深まるかもしれない。筋肉を身につけて自信を持つことが、なによりもモテる要素となる。また、身体を鍛えている人は、自己管理ができている。それは他人から信頼される要因のひとつだ。

もむちゃん
【モムチャン】

韓国語で「最高の体」を意味する造語。エクササイズトレーナーのチョン・ダヨン氏考案による「モムチャンダイエット」が書籍やDVDとして発売され、日本にも普及。サーキットトレーニング方式で、筋トレと有酸素運動を組み合わせた運動を音楽に合わせて行う方法で「フィギュアロビクス」とも呼ばれる。

ももかん
【ももかん】

サッカーやラグビーなどのコンタクトスポーツで、相手選手の膝などが太ももに強く当たったときに起こるもの。 正式な病名は、大腿筋挫傷、または大腿部打撲。「チャーリーホース」という通称もある。重症の場合は筋断裂している可能性もあるので治療が必要。軽症の場合も回復まで長引くことがあるので、受傷直後は筋肉を休めるべきだ。

ももじりさんねん
【桃尻三年】

張りのある“桃尻”を手に入れるまでには、それなりの時間を要すること。「桃栗三年柿八年」ということわざの「すぐに結果を求めずに長期間継続することが大切」という意味を筋トレの教訓にしたもの。桃尻をつくるには、お尻を伸ばす、縮めるのトレーニングを繰り返してお尻の筋肉を鍛えるだけでなく、骨盤底筋や腹筋、広背筋、太ももの筋肉なども並行して鍛える必要がある。筋トレ種目としてはスクワットやランジが主流。

もりもり
【もりもり】

辞書での意味は次の3つ。食欲旺盛なこと、食べ物を噛むさま、勢いよく物事を進めるさま。この3つを継続すると筋肉が“もりもり”になる。漫画・アニメ『まじかるタルるートくん』では「もりもり筋肉ん」という魔法が登場し、呪文を唱えるだけで身体が大きくパワーアップした。「もりもり筋肉」や「筋肉もりもり」という言葉は漫画やアニメでもよく使われ、いつの時代も小学生が喜ぶギャグである。

もんきー・でぃー・るふぃ
【モンキー・D・ルフィ】

漫画『ONE PIECE』（原作：尾田栄一郎氏）の主人公。絞りこまれた肉体が印象的だが、ギアを上げることができ、ギア4では自身の体の伸縮をコントロールし、筋肉風船という大技を出す。また、ルフィ以外のキャラの肉体もすさまじい。漫画の第600話「再出発の島」の扉絵は、ルフィの仲間であるゾロがワニを片手に持って筋トレをしている。ルフィの腹筋バキバキの姿が際立つ表紙は『ONE PIECE 巻30』（集英社）

©尾田栄一郎／集英社

や

やー！
【ヤー！】

なかやまきんに君（P113）のかけ声。ここから筋肉ギャグが始まる、挨拶のようなもの。ボディビルコンテストのフリーポーズでも「ヤー！」で締めたことがある。2022年に流行語大賞にノミネートされ、トレーニーだけでなく、子どもをはじめ多くの人が使用している。

やかんたいそう
【やかん体操】

日清カップヌードルのテレビCM「シュワルツェネッガー やかん編」（1990年放送）で話題になった筋トレ体操。どでかいやかんを両手に持ったさまざまなポージングで、見る者は張りのある筋肉に釘づけになった。「ちからこぶる。」というキャッチフレーズも話題になった。

やきにくちーとでー
【焼肉チートデー】

筋肉づくりでの食事管理の中で、好きなものを食べてよい日がチートデー。外食自体に特別感があり、焼肉となるとテンションは最高潮に。好きな種類の肉を好きなだけ食べる人もいれば、脂肪の多い部位の肉は避ける人もいる。トレーニー向けのセットメニューを用意している焼肉店もあるようだ。焼肉についてのあれこれは『焼肉語辞典』（誠文堂新光社）を参照。

やきゅうせんしゅ
【野球選手】

投手と野手では筋肉のつき方が違うといわれるが、二刀流の出現によってスポーツ科学でも証明できない側面が出てきている。ピッチングとバッティングで共通するのは、足→膝→股→体幹→肩甲骨→肩→肘→手の順に筋肉が連動することと、また、球速アップや飛距離アップには最大筋力が大きいほうが有利であることだ。野球選手はオフシーズンに体づくり中心の練習を行い、シーズン中は試合に支障が出ない筋トレのプログラムを組んでいる。

やくづくり
【役づくり】

俳優は役に適した身体になるために筋トレをすることが多々ある。役づくりの期間は限られているので、トレーニングの効率化が重要だ。筋肉づくりの効果を体感し、トレーニーになる俳優も多いそう。“見られる”という職業柄、自身の身体と向き合うことが多いのもその所以だろう。

やじゅう

【野獣】

筋骨隆々の肉体が人間離れしていることから「野獣」と呼称される人がいる。「野獣系男子」「野獣アイドル」「野獣化」といった言葉もある。ちなみにディズニー・アニメーションの『美女と野獣』の野獣は、真実の愛を知ることでもとの王子の姿に戻った。愛は筋肉を鍛えることで得られるもののひとつかもしれないが、鍛えても必ずしも得られるものではないのが愛だ。

やしょく

【夜食】

ダイエットや身体を絞りこむ天敵と考えられることが多い夜食だが、いかなるときも不必要というわけではない。遅い時間帯に筋トレをした場合、筋肉の回復、成長を最大化するために、夜間であっても栄養を摂取することが有効である。ただし、その後の睡眠の質への悪影響を低減するため、消化のよい食材にすること。もちろん、夜に食べすぎると太りやすいというのは、事実として押さえておくべきだ。

やすいゆり

【安井友梨】

「絶対女王」とも呼ばれる、日本屈指のビキニ・フィットネスアスリート。IFBB世界フィットネス選手権で2年連続の準優勝。IFBBアジア選手権優勝。オールジャパン・フィットネス・チャンピオンシップスでは8連覇。トレーナーから「ラスト一回の女」といわれるほど限界まで追いこめるメンタルも持つ。『究極の太らない体を手に入れる ユリ式筋トレ』(KADOKAWA)の著書もある。株式会社セント・フォース所属。

やすませる

【休ませる】

一定期間、筋肉や脳神経系に負荷をかけないこと。筋トレ後の休息は48 ~ 72時間が目安といわれるが、高重量を用いたり、パワー系の種目を行ったりした場合は休息をより長くする。休息の間、筋トレを休まなければならないかというとそうではなく、筋肉の部位を変えてトレーニングする方法もある(分割法)。一方で、筋トレ種目によっては、抗重力筋など重複して使用せざるをえない筋肉もあるのでトレーニング内容や負荷の調整は必要。また、身体と心を休ませることで、より高いレベルのトレーニングができるともいわれる。

やせきん

【やせ筋】

メリハリのある身体にするためには、鍛えるべき筋肉と、鍛えすぎない筋肉に分ける必要がある。この鍛えるべき筋肉を「やせ筋」という。主な部位は大臀筋、ハムストリング、大胸筋、腹横筋、腹直筋だ。『はじめてのやせ筋トレ』(KADOKAWA) はシリーズ70万部のベストセラー本。

やまぎしひでただ

【山岸秀匡】

2016年のIFBBアーノルド・クラシック212で、日本人ではじめて優勝、ミスター・オリンピアにも出場し、世界での実績を上げたボディビルダー。通称「ビッグヒデ」。2022年2月に現役引退を発表するが、2023年に現役復帰し、ミスター・オリンピア11回目の出場を果たす。YouTube「BIG HIDE CHANNEL」も人気を博し、トレーニーに向けてトレーニングや食事内容を発信し続けている。

やまのてせん きんとれあぷり

【山手線筋トレアプリ】

JR東日本とJR東日本スポーツが電車内で気軽に筋力やメンタルのトレーニングに取り組めるようにするアプリ「'TRAIN'ing」を試験導入したことがあった (2019年11月26日～2020年3月12日)。乗車位置や混雑率に応じて、車内でできるトレーニングを音声で案内し、移動時間を有意義に使えるよう工夫したものだ。なお、車内ではつま先立ちなど、他人に迷惑のかからないトレーニングにとどめよう。

やまもとよしのり

【山本義徳】

「筋肉博士」の異名を持つ有名トレーナー。1998年に行われたNPCアイアンマンのライトヘビー級で優勝、2005年のNPCトーナメント・オブ・チャンピオンズで優勝など、ボディビルで輝かしい実績を残した。YouTubeチャンネル「山本義徳 筋トレ大学 - VALX」は、筋トレ関係の中でも飛び抜けた登録者数を誇る。

ゆーばうんど

【UBOUND®】

ミニトランポリンの弾力面を使用して行う筋トレプログラム。膝や足への負担を軽減し、心肺機能、体幹、下肢の筋肉が鍛えられる。ラディカルフィットネス・ジャパンによるオフィシャルトレーナー認定を受けた人だけが、それぞれのフィットネスクラブやジムでプログラムを展開することができる。

ゆうさんそうんどう

【有酸素運動】

筋肉を収縮させる際のエネルギーに酸素を使う運動のこと。長時間継続して行える運

動が多く、心臓血管系や呼吸器系（肺など）の機能が向上する。代表的なものとしてウォーキング、ジョギング、ランニング、サイクリング、水泳、エアロビクスダンスが挙げられる。一般的に、無酸素運動しか筋力向上は見こめないイメージではあるが、有酸素運動でも筋力を高めることはできる。これは、特に高齢者や運動初心者など基礎能力が低い人には顕著である。

ゆうたいさーびす
【優待サービス】

カード会社などの優待サービスに、フィットネスクラブやジムの利用割引が定着している。企業が導入する福利厚生代行サービスにも同様の優待がある。人々が身体を鍛えることを求めている表れのひとつともいえる。

ゆうれいかいいん
【幽霊会員】

フィットネスクラブやトレーニングジムに会費を払っているにもかかわらず、施設をほとんど利用していない人のこと。どの施設にもこうした会員が一定数いるそうだ。幽霊会員の人は今一度、会員登録したときの気持ちを取り戻そう。

ゆがみきょうせい
【歪み矯正】

いわゆる歪みとは、骨と骨の配列などがかたよった運動や日常生活の不良姿勢により、くずれてしまった状態。骨や関節の配列が歪んだまま筋トレをすると、バランスの悪い筋肉のつき方になり、ケガの要因にもなる。また姿勢を矯正しても正しい姿勢を維持する筋肉の発達や使い方を練習していなければ、また歪みを導いてしまう。ストレッチと筋トレを融合させることが、根本的な改善と維持につながる。

ゆきかきんとれ
【雪かきんトレ】

不安定な足場の上で踏ん張って、重い雪を掘っては運ぶという雪かきは、体幹と全身の筋肉を使う。これをトレーニングにしたのが「雪かきんトレ」で、実際に雪の多い地域のスポーツ選手はトレーニングに取り入れている。筋トレが地域貢献にもつながる。

ゆでたまご

【ゆで卵】

卵は筋肉によい食材のひとつだが、持ち歩くのは大変。最も携帯しやすい形態は、ゆで卵だ。一般的に多くの食材は加熱すると栄養素が減少するが、ゆで卵の場合はタンパク質やビタミン類にそこまでの減少はない。また、ゆでることで食べごたえがよくなり、満腹感を得やすくなるため、摂取カロリーの制限をしている人にもおすすめの食材だ。

ゆにほーむこうかん

【ユニホーム交換】

プロや代表チームのサッカーの試合終了後、相手チームの選手とユニホームを交換する風習。その際にサッカー選手の鍛え上げられた筋肉がお披露目される。筋肉好きの観客としては、試合の結果にかかわらず、試合後に約束された楽しみである。なお、ゴール後のパフォーマンスでユニフォームを脱ぐと、イエローカードを受けてしまう。それでも裸体になってしまうのは、鍛え上げられた肉体を持つ者の本能のようなものなのか……。

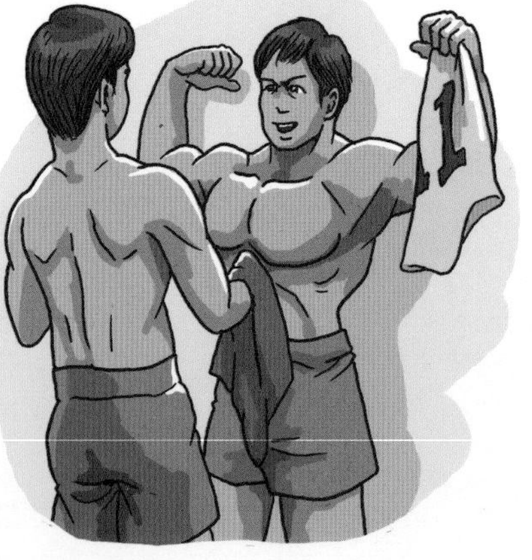

ゆびわ

【指輪】

スポーツをする際には、指輪を外す人が多い。フィットネスクラブやジムでは、トレーニング前にアクセサリー類を外すことをルールにしているところもある。その際、外した指輪をロッカールームに置き忘れていることが多々ある。また、ダイエットで指が細くなって落としてしまうのもよく聞く話。出かける前に外して家で保管しておくのが賢明だ。なお、ボディメイクコンテストの多くは、結婚指輪以外の指輪をつけて出場することはできない。

ゆりかごうんどう

【ゆりかご運動】

子ども向けのマット運動のひとつ。「体育座りをするように身体を丸めたまま後方へ転がる」→「後頭部がマットについたところで切り返し、もとの体育座りに戻る」といった運動を繰り返す。腹筋だけでなく、体幹のバランスが整う効果がある。子ども向けの運動だが、大人でも人によっては案外難しい。

ようつう

【腰痛】

腰痛は、「筋力を高めること」「正しい姿勢を保つこと」で予防できるとされる一方で、筋トレで腰を痛めるケースもある。重量設定の不備や正しい姿勢で行わないこと、チーティングフォーム（P102）で腰を反らして行う場合などで腰痛を発症しやすい。自身の筋力に合ったプログラムにし、ストレッチをしてから開始することが大前提。腹横筋などのインナーマッスルを働かせて、脊柱の安定性を獲得させることも重要だ。

よが

【ヨガ】

呼吸、姿勢、瞑想を組み合わせ、心と身体の緊張をほぐし、やすらぎを得るヨガ。その効果は多岐にわたるが、筋肉づくりもそのひとつ。すべてのポーズに筋肉が使われており、しかも日常生活で使われにくい筋肉にも刺激が入る。例えば座って足を持ち上げて体をVの字にする「舟のポーズ」は、腹部や背中、腰まわりのインナーマッスルを強化できる。また有酸素運動のため脂肪燃焼効果があり、身体を絞りこむのにも有効。溶岩石の熱を利用したホットヨガは、さらに脂肪燃焼効果が高いとされる。

よこかわなおたか

【横川尚隆】

2019年のJBBF 日本ボディビル選手権で優勝し、プロビルダーになる。“大腿四頭筋のプルプルからのガチン”というフリーポーズは横川氏の代名詞である。タレントとしても積極的に活動し、自身の経験をもとにトレーニーの“あるあるエピソード”をおもしろおかしく発信し、共感を呼んでいる。YouTubeチャンネル「横川くんの筋肉ちゃんねる」では、トレーニング方法の解説のほか、格闘家との対決などエンタメ企画も多い。

よそう

【予想】

ボディメイクコンテストでの観客の楽しみ方のひとつ。熱狂的なファンの中には、採点シートに書きこんで予想する人もいるとか。選手の肉体を詳細に観察することで、以前と比較した成長度合いや仕上がり具合も見えてくるので、競技鑑賞としての醍醐味を得られる。

よろい

【鎧】

オーストラリアの精神分析家、ヴィルヘルム・ライヒは心理的な抑制によって筋肉が収縮しかたくなる現象を「筋肉の鎧」という言葉で表現した。悲しみや怒り、不安などのネガティブな感情を抑えこもうとしたとき、無意識に筋肉をかたくして感じないようにし、自己防衛をする現象をさす。逆にいえば、筋肉をほぐすことは、心を癒やすことにもつながる。

ら

らいいんぐ
【ライイング】

寝転がった状態のこと。「ライイングエクステンション（横になってダンベルを上げ下げし、上腕三頭筋を鍛えるトレーニング）」など寝転んで行う筋トレ種目名に使われる。英語では「Lying」。同じつづりで「嘘つき」という意味もあるが、筋トレ効果に嘘はない。

らいざっぷ
【ライザップ／ RIZAP】

理想のカラダをつくるパーソナルトレーニングジム。パーソナルトレーナーがマンツーマンで指導。2012年2月に1号店を開店して以来、店舗数を増やして全国展開している。運営するRIZAP株式会社は、女性専用パーソナルトレーニングジム「RIZAP WOMAN」や「chocoZAP」（P105）も展開する。また、「RIZAP BODYMAKE GRANDPRIX」という大会を開催し、日々の鍛錬をお披露目する最高の舞台も用意するなど、トレーニーの生きがいを追求している。

らいす
【RICE】

「Rest（安静）」「Icing（冷却）」「Compression（圧迫）」「Elevation（挙上）」の頭文字をとった「RICE処置」という筋挫傷の治療法。筋挫傷は打撲などで筋肉が損傷したケガのことで、軽度ならRICE処置で早い回復を見こめる。肉体づくりには、ケガへの対処や身体のメンテナンスが必要だ。

らいすけーき
【ライスケーキ】

有機コシヒカリ玄米などを使用したせんべい。タンパク質、炭水化物、脂質をバランスよく含んだエネルギー補助食品で、ダイエット食やトレーニング食として注目されている。具材を合わせてカナッペ風にしたり、ふやかしてリゾット風にしたりアレンジの幅も広い。そのまま食べられるので携帯に便利。

らいとうぇい！
【ライトウェイ！】

直訳すると「軽いもんだぜ！」。筋肉写真家の岡部みつる氏（P42）が撮影した動画にて、ミスター・オリンピア8連覇のロニー・コールマン（P180）が叫んだ言葉。これがボディメイク業界に浸透し、現在では、トレーニーを激励するトレーナーのかけ声としても浸透している。

らいふせーばー
【ライフセーバー】

水辺の事故防止や人命救助を行う人。JLA（日本ライフセービング協会）の認定資格はさまざまあり、その中には、実技にフィットネストレーニングのカリキュラムを組みこんでいるものもある。危険に直面している人をいち早く救助するために、また水中で人を抱えて移動するためには、筋力が必要だ。筋肉は自身の健康を守るだけでなく、社会に貢献するものである。鍛え上げられた肉体で海辺を監視するライフセーバーの姿は、とても勇ましい。

らがーまん

【ラガーマン】

さまざまなスポーツの中で、「筋肉の瞬発力と持久力の両方で高いレベルが求められるのはラグビーだ」という人がいる。接触プレーとランを長時間繰り返すからだ。パフォーマンスゴール（発揮する最大限の能力が評価される場所や時）から逆算し、トレーニングとコンディショニングを行い、フィジカルを最高潮に持っていく。また、試合中の接触でユニホームが破けたり脱げたりすることも。実際に審判が笛を吹かず、ユニホームの上着が脱げた状態でプレーを続けた珍事もあった。

らすとすてーじ

【ラストステージ】

引退試合のこと。ボディメイク競技者の試合はステージ上であることからこう呼ばれる。ボディメイク競技は高齢でも大会に参加できるため、ラストステージののちに復帰する競技者もいる。

らっと

【ラット】

広背筋（Latissimus dorsi muscle）の略称。「ラットマシン」（マシン名）や「ラットプルダウン」（種目名）など、筋トレでよく使われる。

りがくりょうほうし

【理学療法士】

外傷などにより身体に障害がある者に対し、動作能力の回復を図るために行う運動療法と物理療法などを指導する医療従事者で、国家資格である。活躍の場は医療機関や福祉施設が主だったが、近年はスポーツチームやフィットネスクラブで活躍する人も増えている。理学療法士の資格を持つパーソナルトレーナーのレッスンは、身体のコンディションに合ったトレーニングができるとして人気だ。

りかばりー

【リカバリー】

ワークアウト後に消費した栄養を取り戻すこと。つまり、栄養を補給すること。筋肉が回復することを指す場合もある。

りきどうざん

【力道山】

「日本プロレスの父」とも称される（1963年他界）。元力士ということもあって、すさまじいパワーで見るものを魅了した。その肉体に憧れた若者が筋トレを始め、ボディビルのブームが起きたともいわれている。力道山氏の弟子にアントニオ猪木氏がおり、彼に憧れた人が身体を鍛え、今日まで“憧れ”が引き継がれている。

りばうんど

【リバウンド】

直訳で「反動」「はね返る」。ダイエットや減量でよく使われる言葉で、一度体重や体脂肪の減量が進んでいたが、気のゆるみや停滞によるストレスなどにより、体重や体脂肪が増加してしまう（もとに戻っていく）ことをさす。リバウンドを防止するには「有酸素運動＋筋トレ」を行う、長期計画が有効だ。また、基礎代謝量を高めておくことが身体づくりには必須である。しかし、長期間続くダイエットにはストレスや停滞期は付き物であるため、それらをうまく許容していく心の余裕が大切である。

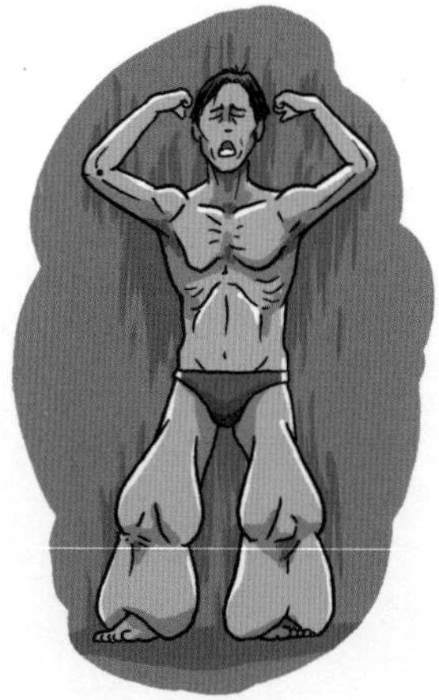

りふれっしゅこうか

【リフレッシュ効果】

筋トレを行うことで分泌量が増加する可能性のあるセロトニンには、抗不安や抗うつなどのリフレッシュ効果があるといわれている。つまり、筋トレはストレスを発散させる機会になるかもしれない。また、βエンドルフィンという神経伝達物質の分泌量が増加することもあり、これはマラソンなどの際に現れる過酷な状況に多幸感を感じる“ランナーズハイ”要因ともいわれている。筋トレにも同様の現象が発生することがあるが、やりすぎてオーバーワークにならないようにすることが前提だ。

りべんじまっちょ

【リベンジマッチョ】

失恋や挫折をきっかけに自分磨きとして筋トレを始め、マッチョな体型になること。「リベンジ」には「仕打ち」や「仕返し」という意味があるが、肉体を鍛えていくうちにその感情はなくなり、理想の身体になることで自信が生まれる。トレーニングは、筋肉と精神の両方を成長させてくれるのだ。筋トレは裏切らない！

りもーとわーく

【リモートワーク】

通勤がなくなることで、身体を動かす機会が減り、運動不足から不健康になることが懸念されている。この状況下、自宅にいながら運動できるとして、筋トレが注目されている。「スポーツ推進企業」という言葉も生まれ、講師によるオンラインレッスンや筋トレの動画配信で、従業員の運動をサポートしている企業もあるようだ。一方で、リモートワーカーの一部はジムに通いなが

ら仕事をしている。ワークスペースを完備したジムも出てきている。

りょうしかーど
【漁師カード】

青森県の水産物アピールに漁師が一肌脱いだ！　県の職員が県産水産物の消費拡大や知名度向上、漁業への理解促進のため『あおもりの肴（さかな）「漁師カード」』をつくったのだ。上半身裸で漁師カッパを着た姿。腹筋や太ももの筋肉は見えないが、漁業で鍛え上げられた胸や腕の筋肉が露わになっている。

りらっくすぽーず
【リラックスポーズ】

ボディメイクコンテストでステージに登場したときや、ステージ上での待機時に行うポーズ。リラックスという言葉だが、実際は全身に一定の力を入れる必要がある。一方で、ヨガのチャイルドポーズといわれるものは、筋力を使わず全身がリラックスした状態のポーズである。

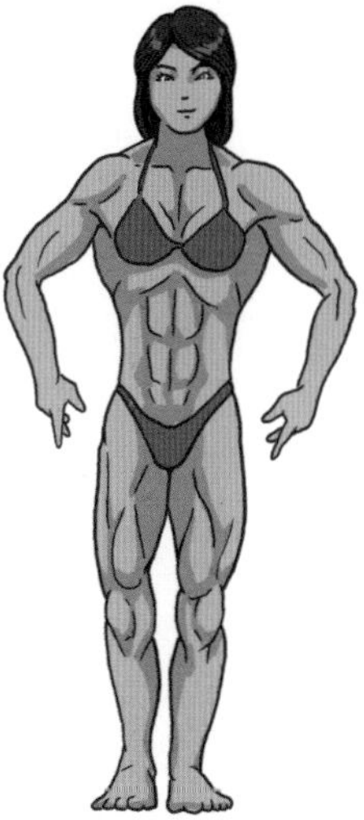

りんぐふぃっと あどべんちゃー
【リングフィット アドベンチャー】

Nintendo Switchのフィットネスソフト（発売：任天堂）。60種以上のフィットネスはすべて専門家が監修したという本格的なもの。キャッチコピーは「冒険しながら、フィットネス」だ。レッグバンドを装着し、リングコンというリング状の周辺機器を使って行う。筋トレ系、リズム系、ヨガ系を含む全身を使ったさまざまなフィットネスができ、自分に合ったエクササイズにカスタマイズできる。アドベンチャーゲームを楽しみながら“筋肉”という一生の相棒を得られる。

© 2019 Nintendo

りんぱまっさーじ
【リンパマッサージ】

全身に流れるリンパ液の流れをよくする目的で、リンパ節が多く集まる部分やその周囲の筋肉をマッサージすること。リンパ液の流れが悪くなると、老廃物がたまり、むくみや疲労を招く可能性がある。また、筋トレをするとリンパマッサージ効果も同時に期待できる。これは筋トレによって筋肉が収縮する際にリンパ管を圧迫し、リンパ液の流れをよくする作用が働くからである。さらに、毛細血管が拡張することで血流もよくなる。

るーていん

【ルーティン】

同じことを繰り返すこと。1回のトレーニング、週や月単位設定でルーティンを組んでおくと、計画的に肉体を鍛え上げることが可能となり、ケガの防止や効率性の向上にもなる。筋トレ専用のトレーニングノートも発売されており、これを活用するのも有効である。

るーるいはん

【ルール違反】

フィットネスクラブやジムのルールを破ること。施設に設けられた規定のほか、暗黙のルールを守ることも大切。その代表的なのものが、「勝手にアドバイス」をしないこと。トレーニングの方針は人それぞれで、そこにはプライバシーもある。また施設によってはインストラクターやトレーナーがいることから、利用者が指導をすることを禁止しているところもある。

れーしんぐどらいばー

【レーシングドライバー】

F1ドライバーなどのレーサーは、レースでコーナーを回る度に重力がかかり、首に大きな負荷がかかっている。この衝撃に長時間耐えられるように首や肩、またそれらと連動する筋肉の強化トレーニングを行っている。首から重りを吊り下げるなど、トレーニング内容は独特だ。また、レーサーの体幹トレーニングを取り入れた「レーサーフィット」というエクササイズもある。例えば、ポールの上に座り、身体を少し倒した状態をキープし、腹筋を鍛えるというもの。ハンドルの代わりにダンベルを握る。

れいかんこんぷれっしょん

【冷感コンプレッション】

コンプレッションは、スポーツ選手などが着用するインナー。身体を引き締め、筋肉の疲れを軽減し、血流を促進する。このコンプレッションに冷感性を追求したものがある。冷却性能の高い素材と生地構造により、身体を動かして熱エネルギーが発生しても暑く感じない。長時間の作業でも疲れにくいため、肉体労働者がインナーに着用している。これを筋トレで使用する人もいるそうだ。暑さ対策のテクノロジーを追求した機能性は、筋トレにも汎用できる。

れじすたんすとれーにんぐ

【レジスタンストレーニング】

「筋力トレーニング」と同義で扱われる言葉。レジスタンスは「抵抗」という意味がある。スクワットやプッシュアップ、ダンベルトレーニングなど、筋力の向上や筋肥大を目的に標的とする筋肉にレジスタンスをかける動作を繰り返し行うことをさす。特定の筋肉に大きな負荷をかけているので、同じ筋肉をトレーニングする場合は必ず休息し、筋肉の修復と回復をはからなければならない。

れすらーぶりっじ

【レスラーブリッジ】

仰向けの状態から､両脚と両手で床を押し、胴体を浮かせるのがブリッジ。これは、胸郭まわりのストレッチ効果を期待できる。また、体幹の強化を目的とした筋トレ種目のひとつでもある。レスラーブリッジはこれをアレンジしたもので、両手の代わりに頭部で胴体を支え、頚部周辺筋の強化に焦点を当てたものである。しかし、頚部周辺筋は小さい筋の集合体であるため、大きな負荷はケガを招く。強度を調節して少しずつ実施することが望ましい。

れすりんぐえくささいず

【レスリングエクササイズ】

「気合だー！」というかけ声でもお馴染みのアニマル浜口氏を父に持つ浜口京子氏。アテネオリンピック、女子レスリング銅メダリストである。彼女が提唱するのは、レスリングの動きを取り入れたエクササイズで、例えば後ろ受け身の反動を利用した腹筋運動など。そこまでの気合いを伴うものではなく、運動に慣れていない人も気軽に始められる。

れっぐ

【レッグ】

脚のこと。大腿四頭筋を鍛えるレッグプレス、ハムストリングを鍛えるレッグカールなど、筋トレの種目で多用される。また、筋トレで下半身をおろそかにして上半身ばかりを鍛えている人を「チキンレッグ」と呼ぶ。鶏のように脚だけが細いことを揶揄した表現だ。下半身の筋トレをおろそかにすると、筋肉バランスだけでなく、体型が悪くなる。

れっぷ（れっぷす）

【レップ（レップス）】

トレーニングにおける1回の動作のこと。1回の上げ下げで1レップ、10回で10レップスとなる。筋トレのプログラムでは、身体のコンディションや筋肥大向上、パワー向上など目的によってレップ数を変化させることが重要となる｡追いこみたい人は｢もう1レップ｣を合言葉に。

れんたるじむ

【レンタルジム】

トレーニング空間やマシンを個人や団体だけで利用したいというニーズもあり､昨今、レンタルジムが増えている。規模や設備の充実度はまちまち。目的に叶うところを見つける手段として「ジムカリ」という登録無料のサービスがあり､目的のジムを探し、利用できる。

れんたるようひん

【レンタル用品】

フィットネスクラブやジムで貸し出しているもの。その主なものは、ウエア、シューズ、タオル、グローブなどのギア。お試しで利用する際はレンタルの活用が有効だ。また、自宅用のトレーニングマシンのレンタルを行っているサービスもある。マシンはどれもだいたい高額なので、レンタルで試してみてから購入を検討するのが賢明だ。

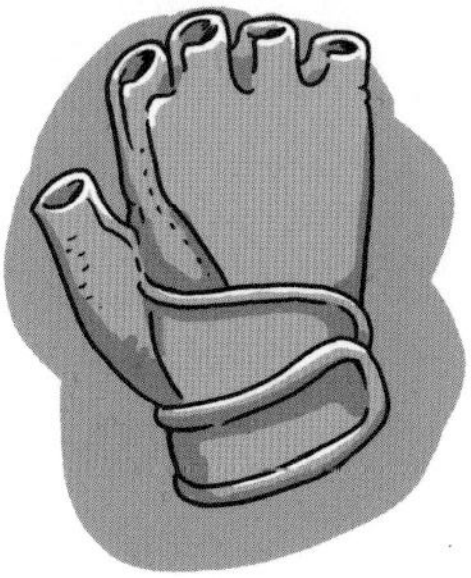

ろーかるきん

【ローカル筋】

脊柱に安定性を与えている体幹筋群のうち腹横筋や多裂筋など深層に位置し、脊柱に直接付着している筋のこと。いわゆるインナーマッスルに該当する。一方、腹直筋や外腹斜筋などの体幹浅層に位置する筋を「グローバル筋」と呼ぶ。いくらグローバル筋が強力であっても、ローカル筋の活動が弱ければ脊柱の安定性は十分に得られない。ローカルは、日本ではしばしば「地方」をさして使われる言葉。社会も肉体も地方活性化が鍵を握っているのだ。

ろーてーしょん

【ローテーション】

筋トレの分割法（P142）のひとつで、一定の期間で筋肉の部位を変えてトレーニングしていくこと。筋肉の回復のメカニズムに沿った方法であり、マンネリや飽きを防ぐ効果もある。

ろーぷとれーにんぐ

【ロープトレーニング】

滑車を通したループ状のロープがついたマシンを使い、ロープを引き続けるトレーニング。負荷を変えることができ、広背筋などの背中をはじめ、上半身全体を鍛えることができる。また全身を使うので体幹のバランスもよくなる。

ろかぼ

【ロカボ】

一般社団法人「食・楽・健康協会」が提唱する「おいしく楽しく適正糖質」というもの。１食で摂取する糖質量を20 ～ 40gにし、嗜好品１日糖質10gを合わせ、1日の糖質量を70 ～ 130gにすることを推奨している（1日２食の人では50 ～ 90g）。ダイエットや健康増進を目的にしており、継続するためにおいしく楽しいロカボ食の提案もしている。糖質制限食（Low Carbohydrate Diet）を短縮した言葉である「ローカーボ」とは、極端な制限を除外している点で、概念が異なる。

ろこも

【ロコモ】

ロコモーティブシンドローム（運動器症候群）の略称。骨や関節、筋肉の衰えが原因となって運動機能が低下し、要介護になるリスクが高い状態のことをさす。ロコモを防ぐことを目的にしたのがロコトレで、専用のプログラムを設けているフィットネスクラブやトレーニングジムもある。これはフレイル（健康な状態と介護が必要な状態との中間地点の状態にある身体）の解消や予防にもつながる。

ろしあんついすと

【ロシアンツイスト】

上半身を上げた状態で左右のひねりを組み合わせたトレーニング種目で、名称の由来は定かではない。別名「トランクツイスト」。脚は床につけずに臀部のみを床につけた「V字」のポーズをキープするのがポイント。上体の上げ下ろしだけの腹筋運動では主に腹直筋が刺激され、くびれ部分に負荷がかかりにくいが、ひねりを加えることで腹横筋や腹斜筋に刺激を入れることができる。メディシンボールを使用すると、さらに負荷をかけることができる。

ろじゃー

【ロジャー】

2015年に金属製のバケツを紙コップのように押しつぶす画像が拡散されて以来、世界中で有名になったマッチョなカンガルー。アーノルド・シュワルツェネッガー（P24）に比較されるほどの肉体を誇った。カンガルーの筋肉は求愛のためともいわれるが、恋多き人生だったかは不明である。2018年に他界した。

ろっかー

【ロッカー】

フィットネスクラブやジムでは、ロッカーを契約して自分専用に使用できる。この空間でちょっとしたトラブルが発生する。例えば、シューズを保管しっぱなしでくさくなること。混雑時にほかのトレーニーと身体がぶつかるなど、気まずいシチュエーションになること。トレーニングスペースだけでなく、ジムの施設内ではマナーは必須。また、ロッカールームでのトレーニー同士の会話も迷惑行為になることがあるので注意しよう。

ろっきー

【ロッキー】

シルヴェスター・スタローン主演の映画（1976年、アメリカ製作）。公開から半世紀近く経った今日でも、筋トレシーンはスタローンの説得力のある肉体もあいまって見たものの記憶に残り続けている。作中の楽曲も、なにかに挑戦しようとする者のモチベーションを高めるもので、心を奮い立たせる。この曲を聴きながら、脳内でロッキーになりきって筋トレすると、大変はかどる。

ろっく

【6区】

箱根駅伝の5区の山登りは、「山登りの神」と称される選手が出るなど、往路の最終区ということもあり、名物区間となっている。一方、復路の6区は下り。実はこの区間こそ身を削るような走りが求められる。長距離走はスライドが大きいほうが体力の消耗は少なく、タイムも出やすい。しかし6区は下りの反動もあって、着地するごとに脚への負担が大きい。歩幅を小さくして脚の回転を早める走行が必要になるが、これは山を転げ落ちるような恐怖感が伴うらしい。体幹や骨盤、股関節の強化トレーニングによって下り走行を身につけているそうだ。

ろっぴゃくぶんのよんひゃく

【600分の400】

諸説あるが、人体の筋肉の種類は600を超える。そのうち骨格筋は約400種類といわれており、自分の意思で鍛えられるのは、この骨格筋である。多関節エクササイズ（2つ以上の関節が動く運動）などの筋トレでは、ひとつの種目で多数の筋肉に負荷をかけることができるため、400種類の筋トレを行う必要はない。一方で、それだけ自分の意思で変えられる筋肉があると思うだけで、楽しみが増えるのではないだろうか。

ろにー・こーるまん

【ロニー・コールマン】

ボディビル世界一を決めるミスター・オリンピアにて、1998年から8連覇した伝説のボディビルダー。アメリカ出身。この記録はリー・ヘイニーと並ぶ歴代最多連勝記録である。完成された肉体もさることながら、超高重量で行う過酷なトレーニングがトレーニーに支持され、現在でも崇拝する者が多い。自身がブランドとなったグッズやサプリも人気だ。

ろまんすきん

【ロマンス筋】

外腹斜筋の通称。いわゆる脇腹の部分で日常動作では使われにくく、筋トレで鍛える必要がある。ロマンス筋が強化されると、ウエストと股間にVラインができ、この体型がロマンを生み出すという説があるとかないとか。

ろんぐぶれす

【ロングブレス】

息を長く吐くだけの究極の健康法で、俳優の美木良介氏が考案した。丹田を意識し、息を強く長く吐くことによりおなかのインナーマッスルを効率よく鍛えるもの。筋肉の発熱量を高め、内臓脂肪を落とすメカニズムである。テレビや書籍で話題となり、オンラインレッスンも行っている。

わ

わーくあうと
【ワークアウト】

トレーニングや運動、練習のこと。筋トレ業界では、トレーニングの前に摂取するサプリメントを「プレワークアウトサプリメント」というように、ワークアウトはフィットネスクラブやジムでの運動を意味することが多い。しかし、屋外で行う「ストリートワークアウト」や「ランニングワークアウト」という言葉もあり、場所や方法は限定されない。なお、エクササイズは、身体を動かすことの一般的な総称で、必ずしもワークアウトではない。

わーくあうと せんようしたぎ
【ワークアウト専用下着】

ガチトレーニーは、ワークアウトの際にウエアだけでなく、下着も着替える。特に女性はブラジャーのワイヤーが動きを妨げることがある。専用の下着は動きやすさだけでなく、速乾性、吸収性に優れており、長時間のワークアウトでも安心。ワークアウト終了後は汗を流して、普段の下着に着替えるのが主流だ。

わーくまんのけんさん
【ワークマンの健さん】

作業服・安全靴で知られるワークマンが販売する作業用シューズ。これがトレーニング時にも最適とされ、話題になっている。丈夫なのにソールが薄く、踏ん張りやすいからだ。またワークマンでは、トレーニー向けの商品も展開している。トレーニングウエアのほか、トレーニング用グローブも扱う。

わーるどげーむず
【ワールドゲームズ】

オリンピックに採用されていない競技種目で、世界最高水準のアスリートが競い合う国際的な競技大会として発足された。現在では、国際オリンピック委員会が後援し、アーチェリーなどオリンピック種目も参加している。4年に1度、夏季オリンピック・パラリンピック競技大会の翌年に開催される。1981年からボディビルが採用種目になっていたが、2009年を最後に現在まで採用種目から外れている。

わいやれすいやほん
【ワイヤレスイヤホン】

音楽を聞きながらランニングや筋トレをする人は多い。ヘッドホンもイヤホンも運動の妨げにならないように外れにくいものが適している。またマシンを使う場合、ワイヤが動きを邪魔し、場合によってはマシンに引っかかって危険を伴う。そういった意味でもワイヤレスが安全だ。

わいるど・すぴーど

【ワイルド・スピード】

2001年に公開されたアメリカ製作のカーアクション映画シリーズ。爆速で繰り広げられるド派手な演出が印象的だが、ヴィン・ディーゼルやドウェイン・ジョンソンなど出演俳優たちのワイルドな肉体も話題で、ボディビルダーたちも注目するほどだった。劇中で肉体を見せる場面も多々あり、格闘シーンでは肉体と肉体がぶつかり合う。

わかきたけまる

【若木竹丸】

「昭和の怪力王」と称される伝説のボディビルダー（2000年他界）。日本ボディビル界の歴史をつくった先駆者的存在。当時、マシンはなく、バーベルとダンベル、時には人間を重りとして利用した方法などで鍛え上げられた肉体は、特に背中の筋肉は現代のボディビル界でもお手本とされる。トレーニング方法は10時間ぶっ続けで行うなど、その独自性から「怪力法」ともいわれる。著書に『怪力法並に肉体改造体力増進法』（体育とスポーツ出版社）がある。

わきげ

【脇毛】

ボディメイクコンテストに出場する選手の体毛処理は暗黙のルールのようなもの。一方で一般のトレーニーも体毛処理が当たり前になっている。特に脇毛はタンクトップ姿にはまさに不毛。

わしきといれ

【和式トイレ】

しゃがんだ姿勢を繰り返していると、脚を屈伸したり体勢を維持したりするために筋肉が使われる。これは無意識のスクワットともいえよう。骨盤底筋群も鍛えられ、股関節の可動域が広がる。東京オリンピックを訪れたアメリカの取材者が和式トイレをツイートすると、アメリカのフォロワーから「足が鍛えられそう」と反応があったそうだ。現代人の股関節の可動域が狭いのは、洋式トイレや椅子での生活習慣が影響しているという見解もある。

わだいこ

【和太鼓】

演奏には全身の筋肉を使い、しかも持久力を要する。この和太鼓の動きを取り入れた筋トレは「バチ振りトレーニング」と呼ばれている。足を前後に開き、両手に持ったバチで素振りをするのだ。また、フルタ製菓「セコイヤチョコレート」のテレビCMではマッチョが和太鼓を叩いている。

わらうきんにく

【笑う筋肉】

マッスルミュージカル（P153）の演出家である中村龍史氏が吉本興業とタッグを組んだスポーツミュージカル。正式名は『energy～笑う筋肉～』。アスリートの肉体をはった演技に加え、笑いの要素が随所に取り入れられている。2019年に上演された。

わんてぃーでぃーけー
【1TDK】

間取りの種類。1LDKが1部屋とリビング、ダイニング、キッチンで構成されているのに対し、1TDKはリビングがトレーニングルームになっている。2TDK、3TDKのケースもある。

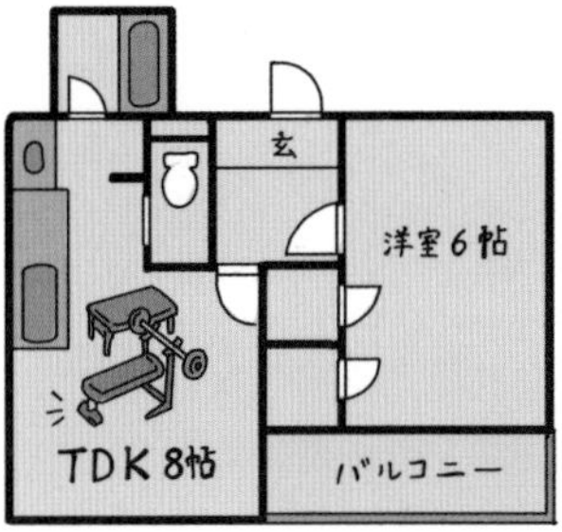

わんぱくしつ
【わんぱく質】

元気な子どもと、エネルギー源のタンパク質を融合させた言葉。定義はないが、ポジティブな意味合いとして使われる。子どもの成長に必要なのはタンパク質の摂取と、無我夢中で体を動かして遊ぶわんぱくさ。もちろん、大人になってもわんぱく質を持ち合わせておきたい。

わんぱくでもいい、たくましくそだってほしい
【わんぱくでもいい、たくましく育ってほしい】

1970年代に放送された丸大食品のハムのテレビCMのキャッチコピー。ハムやソーセージにはタンパク質をはじめ、ビタミンB群、脂質などの栄養素が含まれている。現在、同企業は、未来のわんぱく応援企業として食育などの活動も行っている。そのイメージキャラクターは「わんぱくん」。

わんぱんまん
【ワンパンマン】

ヤングジャンプ編集部が運営する無料Webマンガサイト『となりのヤングジャンプ』で連載中の漫画（原作：ONE氏、漫画：村田雄介氏、発行：集英社）。趣味でヒーローを始めた主人公が3年間の特訓により無敵のパワーを手に入れ、あらゆる敵を一撃（ワンパン）で倒していく物語。作中の台詞に「腕立て伏せ100回、上体起こし100回、スクワット100回、ランニング10kmを毎日やる!!」というものがある。これらのワークアウトを真似する人もいるようで、「ワンパンマン・チャレンジ」と呼ばれている。

ワンパンマン・ONE・村田雄介・集英社

をたげい
【ヲタ芸】

アイドルや声優のライブで応援する際のパフォーマンス。全身を大きく激しく動かす振りつけで、動きのキレが求められるため、体幹と全身の筋肉が使われる。「ヲタ芸トレーニング」「ヲタ芸ダイエット」といわれるものもある。外腹斜筋、通称「ロマンス筋」（P180）が強化される。

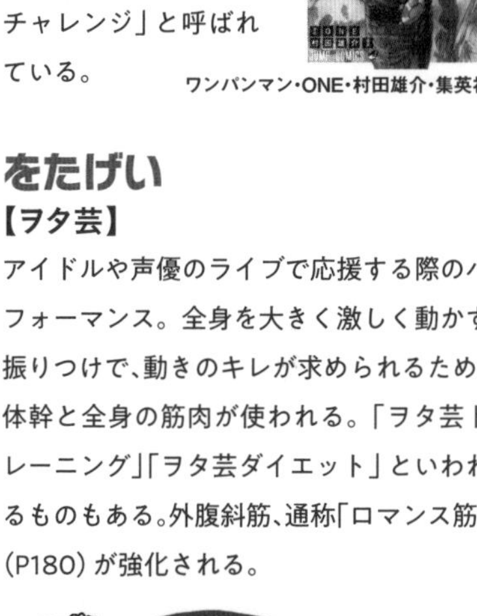

マシンを使わない部位別筋トレ

三角筋

ショルダープレス（腕立て）

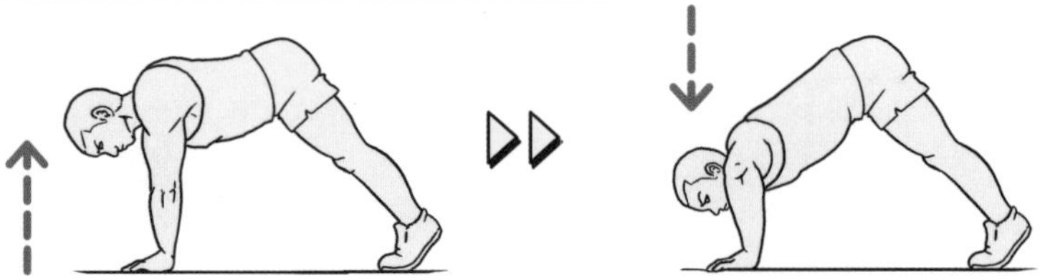

足を骨盤幅より2.5〜3倍、手を肩幅より2〜2.5倍広げ、腰の位置を高くしてセット。

顎を床すれすれに突っこむ。上体の角度は床に対して斜め。ここからもとの位置に戻る。

上腕二頭筋

ダンベル・スピネイトカール

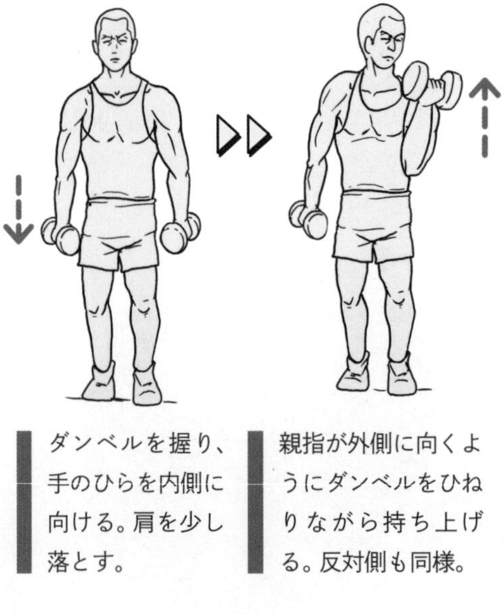

ダンベルを握り、手のひらを内側に向ける。肩を少し落とす。

親指が外側に向くようにダンベルをひねりながら持ち上げる。反対側も同様。

上腕三頭筋

ダンベル・フレンチプレス

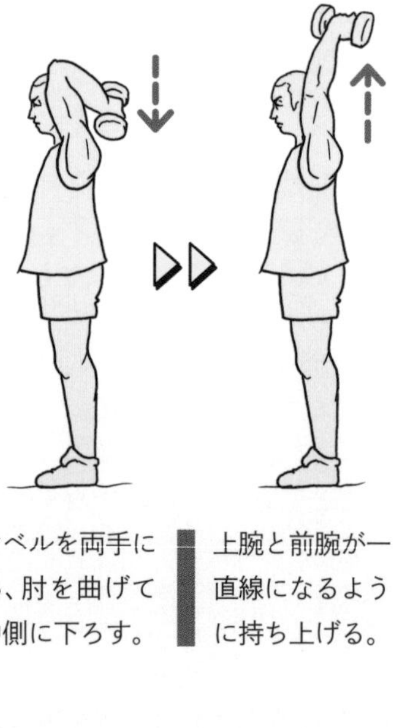

ダンベルを両手に持ち、肘を曲げて背中側に下ろす。

上腕と前腕が一直線になるように持ち上げる。

ジムに通う前に基礎体力を養っておくのもひとつの方法。
部位別におすすめの筋トレを紹介する。

大胸筋

プッシュアップ

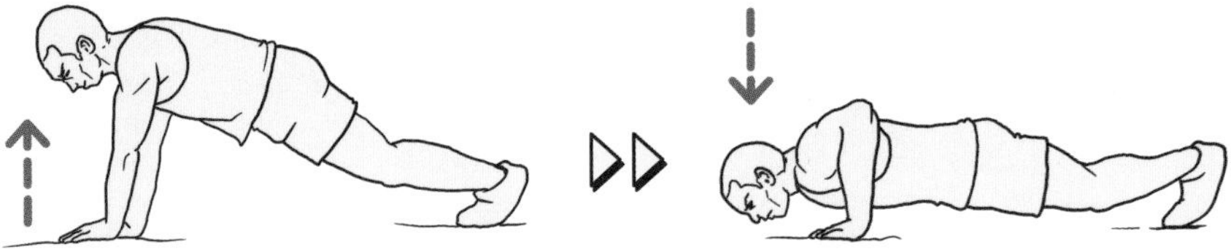

両手を肩幅より手のひら2～3個分外側に置き、身体を一直線にしてセット。

胸を床に近づける。身体は床と並行になるように。もとの位置に戻る。

広背筋・僧帽筋

チンニング（懸垂）

手を肩幅より外側に広げて鉄棒を順手で握る。

肩を下げたまま肘を曲げて、鎖骨を鉄棒の位置まで上げる。

腹直筋

クランチ

腕を胸の上で十字に組み、膝を90度に曲げ、頭を床から浮かせる。

肩を巻きこむように寄せながら頭を巻きこむようにして背中を丸め、肩を（寄せてから）下げる。1～2秒キープする。

腹斜筋群

ツイスト・クランチ

腕を胸の上で十字に組み、肩を（内側に寄せてから）下げる。

斜め方向に背中を丸め、1〜2秒キープ。

腹横筋

バキューム

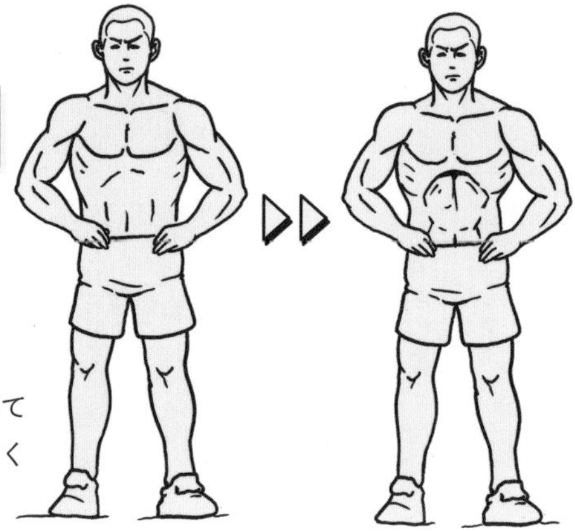

腰に手を当てて息を大きく吸う。

息を吐ききって止め、おなかを極限まで凹ませる。

大臀筋・中臀筋・小臀筋

ブルガリアン・スクワット

片足をベンチや椅子に乗せ、もう片方の足を前に踏み出す。

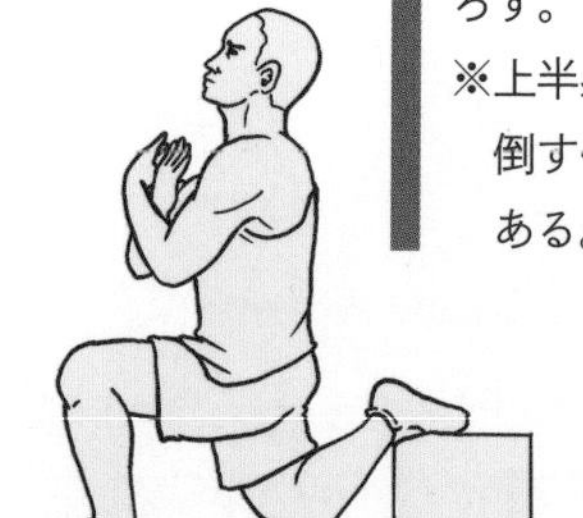

お尻を後ろに下ろす。
※上半身を前に倒すやり方もある。

大腿四頭筋

フルスクワット

足を骨盤の幅に開き、膝とつま先を45度外側に向ける。手はまっすぐに伸ばす。

腰をまっすぐに保ったまましゃがみ、もとの位置に戻る。

ハムストリング

スティッフレッグデッドリフト

ダンベルを握って手を肩幅よりやや外側にし、足は肩幅程度で膝とつま先を外側に開く。上体を水平にする。

膝、股関節が伸び、身体がまっすぐになるように上げる。

腓腹筋・ヒラメ筋

スタンディングカーフレイズ

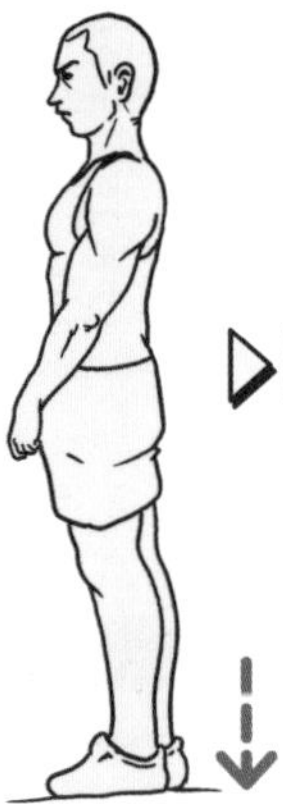

まっすぐ立ち、足の親指側を意識する。

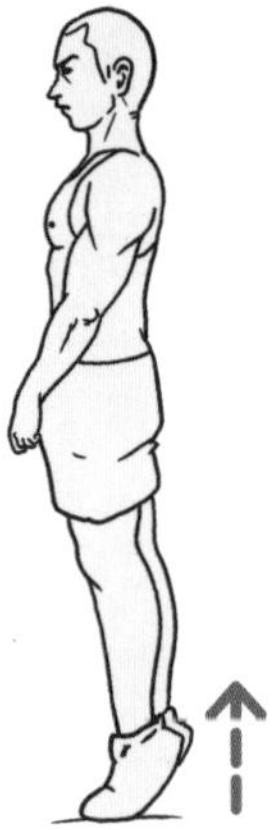

親指側で床を押すようにし、足首を伸ばす。

ジムによくある トレーニングマシン

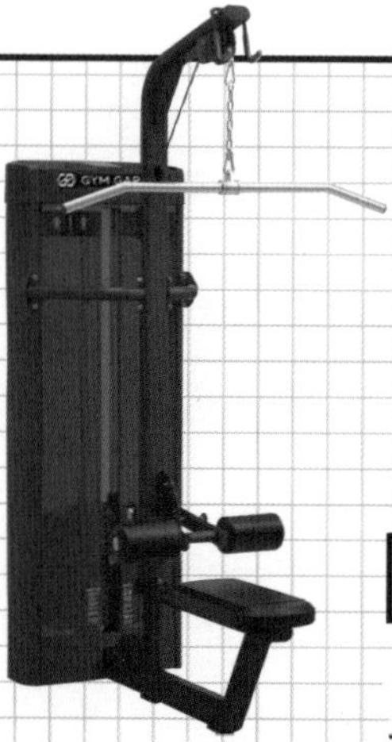

ラットプルダウン

広背筋や僧帽筋など背中の筋肉を鍛えられる。椅子に座り、ウエイトとケーブルでつながれた頭上のバーを握り、引き下げる。

スミスマシン

レールに固定されたバーベルを、レールに沿って上下に動かす。ベンチを使って行うこともできる。ターゲットによって使い方は変わる。

チェストプレス

大胸筋、上腕三頭筋、三角筋など、胸や腕まわりの筋肉を鍛えられる。椅子に座り、ウエイト設定したレバーを押し出す。

フラットベンチ

シートが水平になったトレーニング用ベンチ。座る、寝る、足を置くなど使い方はさまざまで、ダンベルを使った筋トレで活用することが多い。

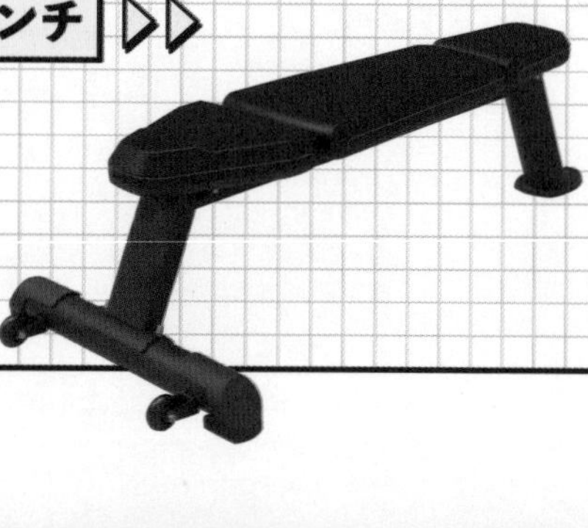

ジムに行って、マシンの名前がわからない、筋肉のどの部位を鍛えるものかわからない、ということがないよう主要なマシンを知っておこう。

写真提供:GYM GARAGE

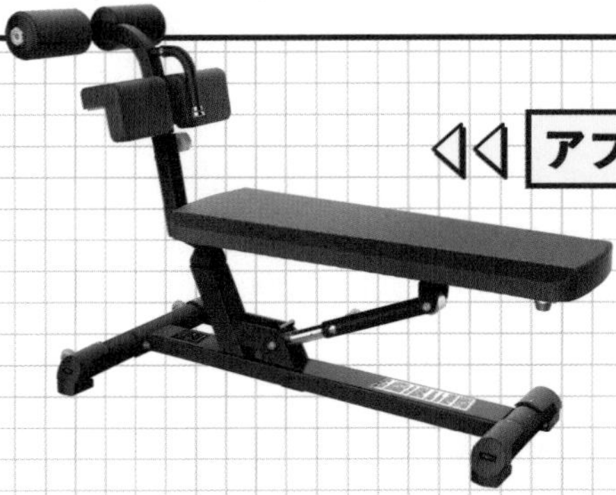

アブドミナル・クランチ・ボード

腹筋台のこと。レバーに足をかけて固定し、さまざまな腹筋運動をすることで、腹直筋、腹斜筋が鍛えられる。背筋運動にも使える。

レッグエクステンション&カール

ロールの下側に脚を入れて持ち上げるレッグエクステンション。ロールの上側に脚を置いて下ろすレッグカール。前者は大腿四頭筋、後者はハムストリングに効く。

フィットネスバイク

有酸素運動に適しており、大腿四頭筋、大臀筋、下腿三頭筋などの強化にもなる。

ランニングマシン

「トレッドミル」とも呼ばれ、室内でウォーキングやランニングができるマシン。有酸素運動による脂肪燃焼が期待できる。

おわりに

黄色の帽子をかぶった小学生たちが下校している。ひとりの女の子が「筋肉もりもり」といって力こぶをつくると、みんなが爆笑。そしてそれぞれが力こぶをつくって「ほら、僕のほうが大きいよ」「私もできるよ」といいながら筋肉の大きさを競い合っている。とても幸せな光景だった。子どもたちはこれから身長が伸び、骨格ができあがり、体つきが変わっていくだろう。その際に筋肉をどれだけ意識するのだろうか。

さて、大人になったみなさんはいかがだろうか。もう身長は伸びない、骨格も変わらない。でも、筋肉をつけることはいつからでもできる。もし、筋トレを始めようと考えているなら、今が吉日。本書をきっかけに理想の肉体を追い求めてほしい。

人体の筋肉の種類は約600もあるが、それぞれの筋肉が連動して私たちの動作を生み出している。すべての筋肉がつながっているといってもいいだろう。本書に収録した約800の筋肉語もジャンルはさまざまだが、すべてがつながっている。

また、人体や筋トレ、ボディメイクという専門分野の用語に関しては、バズーカ岡田氏率いる監修チームの方々に入念な確認をいただいた。筋肉のエキスパートである監修チームのご協力があって、豆知識がでっかい知識へとパンプアップしたと思う。

筋肉についての知識を深めたら、また、ボディビルやフィジークの大会でお目にかかろう！ あなたの筋肉に声援を送る日を、またはあなたとともに声援を送る日を楽しみにしている。

ボディビル鑑賞愛好会

監修チーム（スポーツ科学、ボディビル領域のみ）

岡田隆（バズーカ岡田）　おかだ たかし

日本体育大学教授。博士（体育科学）。理学療法士。筋肉研究者。1980年生まれ。日体大卒業、東大大学院単位取得退学。2023WNBF プロボディビル世界選手権マスターズ優勝。柔道全日本男子チーム体力強化部門長（リオ、東京五輪）。“バズーカ岡田”の愛称でも知られる。YouTube『新・バズーカ岡田チャンネル』にて情報発信中。

八角卓克　はっかく たかよし

株式会社LIFE BUILDING取締役。日本体育大学大学院修了（体育科学修士）。JSPO-AT（日本スポーツ協会公認アスレティックトレーナー）、柔道整復師。日体大ボディビル部コーチを務める。

三矢紘駆　みつや ひろく

日本体育大学体育研究所助教。2024年日本体育大学大学院体育科学研究科博士課程修了。博士（体育科学）。日体大ボディビル部コーチおよびボディビルクラブ代表を務める。

小菅亨　こすげ とおる

日本体育大学大学院体育学研究科。水球日本代表トレーナー（リオ、東京五輪）。柔道日本代表トレーニング担当（パリ五輪）。パーソナルトレーニングとエステジムR&F代表。2013年世界ベンチプレス選手権大会Jr83kg級8位。

STAFF

監修チーム	バズーカ岡田(岡田隆)、八角卓克、三矢紘駆、小菅亨
イラスト	川崎悟司
執筆・編集	セトオドーピス
デザイン	田山円佳・鄭 在仁(スタジオダンク)
DTP	石堂真菜実(スタジオダンク)
撮影	加藤陽太郎
校正	文字工房燦光

マッスルにまつわる言《こと》葉《ば》をイラストと豆《まめ》知《ち》識《しき》ででっかく読《よ》み解《と》く

筋《きん》肉《にく》語《ご》辞《じ》典《てん》

2024年7月15日　発　行　　NDC781

著　　者　ボディビル鑑賞愛好会《かんしょうあいこうかい》
監 修 者　バズーカ岡田《おかだ》（岡田隆《おかだたかし》）
発 行 者　小川雄一
発 行 所　株式会社 誠文堂新光社
〒113-0033 東京都文京区本郷 3-3-11
電話 03-5800-5780
https://www.seibundo-shinkosha.net/
印刷・製本　TOPPAN クロレ 株式会社

ISBN978-4-416-72355-5

FRONT DOUBLE BICEPS
RAT SPREAD
SIDE CHEST
BACK DOUBLE BICEPS
BACK RAT SPREAD
SIDE TRICEPS
ABDOMINALS AND THIGHS